Die neue bayerische Küche

Die neue *bayerische* Küche

Über 100 Rezepte
zum Schlemmen & Genießen

MOEWIG

Wirth
von
Amerang
Flötzinger
Bräu

Einleitung

Südlich des Weißwurst-äquators

Die Menschen aus dem Freistaat Bayern sind für ihre Eigentümlichkeit bekannt. Sie pflegen ihr Brauchtum, sind traditionsbewusst und gelten als genussfreudige und gesellige Leute. Ihr Ruf, etwas „anders" zu sein als die anderen Volksgruppen des heutigen Deutschlands, ist gewollt. Lediglich die Schwaben, mit denen die Bajuwaren schon lange gesellschaftlich verwoben sind, werden (fast) als gleichrangig erachtet. Alle anderen Nicht-Bayern sind Preußen oder Ausländer, die zwar gern gesehene Gäste sind – aber im bayerischen Sinne auch Kulturbanausen. Der Weißwurstäquator, der das bayerische Kulturland vom restlichen Deutschland abgrenzt, ist nach dem Sinnbild dieser sympathischen Andersartigkeit benannt – der Weißwurst! Die Weißwurst ist neben dem Leberkäse, der Brezen und der Schweinshaxe eines der Wahrzeichen der bayerischen Küche. Sie wird in Mittel- und Norddeutschland fast ausschließlich serviert, wenn dort bei Feierlichkeiten der bayerischen Esskultur gehuldigt wird. Denn die Bayern sind auch ein Vorbild, wenn es ums Feiern geht. Das jährlich stattfindende Münchener Oktoberfest auf der Wies'n gilt als Vorbild für gesellige Festivitäten von San Francisco bis Sydney, von Helsinki bis Kapstadt.

Wie eine Weißwurst zu essen ist

Das Verzehren einer Weißwurst will gelernt sein, wenn man sich in Bayern nicht schon bei der Bestellung als „Preuße" outen will. Denn die Wurst, die der Wirtsmetzger Sepp Moser am 22. Februar 1857 erstmalig herstellte, wird nie paarweise bestellt. Wer trotzdem Hunger auf mehrere hat, der ordert zwei oder vier Würste, niemals ein oder zwei Paar. Auch die Tageszeit darf bei der Bestellung nicht außer Acht gelassen werden. Da bei der „Erfindung" der Weißwurst noch keine Konservierungsmittel eingesetzt wurden, verdarb die Wurst sehr schnell und verlor schon kurz nach der Herstellung Aroma und Geschmack. Und da die Metzger üblicherweise am Morgen das Brät in die Därme füllten, musste die Wurst bis zum Mittag aufgegessen werden. Bis heute hat sich deshalb der Ratschlag bewährt, dass eine Weißwurst nicht das 12-Uhr-Läuten überleben darf. Zwei Methoden sind „erlaubt", will man eine Weißwurst in echt bayerischer Manier verspeisen: Am bekanntesten ist sicher das „Auszuzeln" der Wurst, bei dem man die Wurst in die Hand nimmt und die Füllung direkt aus der Pelle saugt. Dabei taucht man sie ab und zu in süßen, grobkörnigen Senf, der zu jeder Weißwurst serviert wird. Wem diese Methode zu volkstümlich ist, der darf sie auch einmal in der Mitte quer halbieren und jede Hälfte der Länge nach bis auf die Haut aufschneiden. Diese Viertel können dann mit der Gabel aufgespießt und verzehrt werden.

Traditionelles Essverhalten

Die Geschichte der bayerischen Küche ist stark mit der tiefen Gläubigkeit der Bayern verbunden und wurde wie überall auch vom Geldbeutel bestimmt. So wurde natürlich auch in Bayern in „Arme-" und „Reiche-Leute-Essen" unterteilt: Die Köche an den Adelshöfen trugen genauso zur Vielfalt auf den Esstischen bei wie die armen Bauersfrauen, die nach dem Motto „Not macht erfinderisch" handeln mussten.

Kochbücher vergangener Jahrhunderte wurden nicht etwa in Vor-, Haupt- und Nachspeise unterteilt, sondern in Fleisch- und Fastenspeise. (Dass die armen Leute an 365 Tagen im Jahr fasten mussten, spielte in diesem Fall keine Rolle – denn diese konnten sich auch keine Kochbücher leisten.)

Die erste Mahlzeit des Tages war die „Vormess", weil sie vor der Frühmesse, kurz nach Sonnenaufgang, eingenommen wurde. Sie bestand in allen Gesellschaftsschichten aus einer Art Mehlsuppe, die den Magen füllen und das Magenknurren während des Kirchgangs unterdrücken sollte. Der Mittagstisch, die Hauptmahlzeit der Bayern, wurde schon sehr früh eingenommen – ab 10 Uhr wurden die Köstlichkeiten des Hauses serviert. Und es dürfte klar sein, dass in jedem Hause andere Vorstellungen von „Köstlichkeiten" bestanden. In reichen Häusern wurde Schweine- oder Kalbfleisch, Fisch, eventuell auch Geflügel mit zahlreichen Beilagen gereicht, in den einfachen Hütten der Bauern die Früchte des Feldes aufgetischt – soweit die Ernte dies zuließ.

Neben den Fleischgerichten waren es vor allem feine Fischspeisen, die die Küche des Adels, des Klerus und der wohlhabenden Bürger auszeichnete. Viele Herrschaften verfügten über eigene „Fischwasser", in denen Bach- und Teichfische gezüchtet wurden. Die einfachen Leute begnügten sich mit Stockfisch und Hering oder sammelten Krebse, die sie mit der Hand aus den klaren Bächen klauben konnten.

Am Nachmittag wartete dann die Nachmittagsmahlzeit, die „Vesper", auf die hungrigen Bäuche. Sie wurde vor allem von den Bauern und Handwerkern heilig gehalten, die ihre Brotzeit auf dem Feld oder in der Werkstatt während einer kurzen Arbeitspause einnahmen. Daher wurde auch selten ein warmes Gericht zur Brotzeit serviert. Das Essen musste nämlich leicht zu transportieren sein und auch kalt gut schmecken und kräftigend wirken.

In den arbeitenden Kreisen beschränkte sich diese Brotzeit keineswegs auf den „Dämmerschoppen" am Nachmittag. Viele der frommen Kleinbürger hatten gar nicht die Zeit, in die Frühmesse zu gehen – sie mussten schon vor dem Sonnenaufgang hinaus, um ihr Tagewerk zu verrichten. Für die hart arbeitenden Menschen boten sich deshalb sehr viele Gelegenheiten, um ein kurzes Arbeitspäuschen für eine Brotzeit mit Leberkäs, Weißwurst, Brezen oder Presssack zu nutzen. Der „Frühschoppen", heute eher als ein kleiner vormittäglicher Umtrunk verstanden, war ab 9 Uhr gesellschaftsfähig.
Das Abendessen der Bajuwaren war im Gegensatz zu den anderen Tagesmahlzeiten eher von bescheidenem Ausmaß. Neben einem Schlaftrunk wurde höchstens eine Scheibe Brot mit Käse oder Wurst zu sich genommen.

Vom Ursprung des „Schmankerl"

Als „Schmankerl" bezeichnet man heute eine kleine Leckerei, eine Zugabe (bzw. regionale Besonderheit) zum üblichen Essen, mit dem man die Gäste überrascht und ihren Gaumen erfreut. Doch ursprünglich wurde der Begriff des „Schmankerl" viel enger gefasst. Das „Schmankerl" entstand aus dem Wort „Schmankel" und mit diesem beschrieb man die braune Kruste am Pfannen- oder Topfboden, die beim Muskochen oder bei der Herstellung von Mehlspeisen entstand. Diese karamellisierte Kruste war die „kleine, unerwartete Zugabe", das Schmankerl von damals, welches uns heute meistens durch die Verwendung beschichteter Pfannen und Töpfe vorenthalten bleibt. Das ursprüngliche Bruzzelergebnis, also das Original-Schmankerl, findet man zum Beispiel noch auf den Menükarten des Königlich-Bayerischen Hofes. Dort wurden mit der karamellisierten Mehlkruste als Zutat mehrere Gerichte zubereitet.

Vom Maß und anderen Maßen

Dass die Maß die bayerische Einheit für 1 Liter bezeichnet, dürfte außerhalb Bayerns zumindest jedem Biertrinker bekannt sein. Ein Maß Bier wird traditionell auf dem Oktoberfest serviert. Doch die bayerische Küche kennt noch andere Maßeinheiten, die noch im letzten Jahrhundert reichlich Verwendung fanden. Das „Loth" enthält 16,75 Gramm. Der „Vierling" bedeutete 1/4 Liter oder 1/4 Pfund; ebenso wie der Quart, mit dem 1/4 Liter (meist Bier) bezeichnet wurde. Übrigens waren 3 Quart demnach nicht etwa 3/4 Liter, sondern – nach altem Gewohnheitsrecht – fast ein ganzer Liter. Auch die Zeiteinheiten alter Kochbücher unterschieden sich nicht unerheblich von modernen Küchenratgebern. Beim Backen oder Kochen wurden die Zeiten nach der Länge eines Rosenkranzes, eines „Vater Unsers" oder eines „Ave Maria" berechnet. Einwände, diese Angaben wären zu ungenau, muss aus heutiger Sicht entgegengetreten werden: denn die Hausfrauen vergangener Zeiten verfügten nicht über elektronische Zeituhren!

Der Siegeszug der Semmel

Verlangt in einer norddeutschen Bäckerei ein Kunde eine Semmel, kann man ihn zweifelsfrei als Bayer identifizieren. Was nördlich des Weißwurstäquators allerorten Brötchen genannt wird, ist im Süden der Republik die Semmel, die traditionell aus Weizenmehl hergestellt wird. Überliefert ist die Geschichte vom Bäckermeister von Berg am Starnberger See, der für seinen König Ludwig II. (1845–1886) das damals so feine Gebäck kreierte. Denn der damals erst 27-jährige König Ludwig litt bekanntermaßen unter sehr schlechten Zähnen, hatte deshalb große Schwierigkeiten, das übliche Brot zu kauen und ließ sich täglich weiches Weißbrot mittels eines Boten aus München bringen. Doch eines Tages kam der Starnberger Bäckermeister in die Schlosswirtschaft, in der er zu Recht das niedere Hofgesinde vermutete. Der findige Bäcker verteilte im Wirtshaus seine Waren und vernahm schon nach kurzer Zeit den Ruf: „Dies Brot ist prachtvoll! Außen schön rösch und doch so weich. Dies Brot kann man ja direkt seiner Majestät empfehlen!" Und so geschah es dann auch. Der König war begeistert und erklärte den Bäckermeister aus Berg zu seinem Hoflieferanten. Dem gemeinen Volk blieb der Genuss der leckeren Semmeln dagegen noch lange vorenthalten: Die weichen Semmeln wurden nämlich aus Weizenmehl bereitet – und das war den Bauern, die ihr Brot fast alle selbst buken, zu teuer.

Das Wort Semmel stammt übrigens vom lateinischen „simila", was „feinstes Weizenmehl" bedeutet. Denn es waren die Römer, die den Weizenanbau nördlich der Alpen ermöglichten – sie hatten die „edle" Getreideart aus den Kornkammern Ägyptens ins besetzte Land gebracht.

Eine Pfälzerin mit amerikanischen Wurzeln – die Kartoffel

Auch wenn der Einwand, die Kartoffel sei ein „fremdländischer Eindringling" in die bayerische Küche durchaus berechtigt ist, gehört die schmackhafte Knolle heute in Bayern zu den beliebtesten Beilagen zu Fleischgerichten und ist außerdem Bestandteil zahlreicher Suppen und anderer Speisen. Grund genug, ihr einige Zeilen zu widmen und ihren beschwerlichen Weg von den Feldern Südamerikas auf die Tafeln der Bajuwaren zu beschreiben. Zwar kam die Kartoffel bereits Mitte des 16. Jahrhunderts aus ihrer Heimat nach Europa, doch mochte sie in der Alten Welt eigentlich niemand so richtig. Die einen behaupteten, sie sei giftig, die anderen benutzten sie lediglich als Zierpflanze, wieder andere schrieben ihr Heilkräfte und Rauschwirkungen zu. Aber essen? Nein, essen wollte man die kräftigen Knollen zunächst keineswegs! Erst als Hungersnöte und schlechte Getreideernten das Volk dazu veranlasste, die Knollen des „niederen" Gewächses zu verzehren, wurde die Kartoffel ab dem Ende des 18. Jahrhunderts – in Teilen Deutschlands – breitflächig angebaut und wurde schnell zum unverzichtbaren Grundnahrungsmittel. Besonders die Bewohner der ärmeren Oberpfalz erkannten (auch in kulinarischer Hinsicht) die Vorzüge der Kartoffel.

Aber gerade, dass die protestantische Oberpfalz (seit dem Dreißigjährigen Krieg ab1628 zu Bayern gehörig) dem Kartoffelgenuss frönte, machte den katholischen Süden (Ober- und Niederbayern) misstrauisch. Die Vorurteile gegenüber der Kartoffel konnte erst der Amerikaner Graf Rumford, dem die Münchener auch ihren Englischen Garten (1792) verdanken, zerstreuen. Er machte die Kartoffeln in seinem Einflussgebiet populär und sorgte dafür, dass sie bald in ganz Bayern auf die Felder kamen – wenn auch zunächst nur als Schweinefutter. Aus dieser Zeit stammt auch der Spruch, dass der Bayer Kartoffeln nur esse, wenn sie schon vorher durch die Sau gegangen seien. Zu Beginn des 19. Jahrhunderts füllten dann aber die neuen „Erdäpfelrezepte" bereits mehrere Seiten der Kochbücher. Wie konnte man auch einem leckeren Kartoffelsalat länger widerstehen?

Schwein oder Rind – welches Fleisch ist bayerischer?

Auf den ersten Blick scheint es das Schwein zu sein, das traditionell die Hauptzutat für die bayerischen Fleischgerichte liefert. Schließlich gehören Schweinsbraten und Schweinshaxe zu Bayern wie die Lederhosen – und auch sonst hat die bayerische Küche allerhand „Schweinereien" zu bieten. Gestärkt wird dieser Verdacht, wenn man von der jahrhundertealten Schweinezuchttradition Bayerns weiß. Man sprach sogar vor über 500 Jahren schon von den „Saubayern",

die ihre Tiere in solch großen Mengen züchteten, dass sie viele europäische Länder mit ihrem „Exportprodukt" beliefern konnten. Und auch wenn die Bayern inzwischen wieder Schweine von außerhalb einführen müssen, um ihren Eigenbedarf (und den ihrer zahlreichen Gäste) zu decken, so ist die Liebe zu Schweinsgerichten geblieben. Neben Schweinsbraten und Haxe zählen hierzu auch Spanferkel, Wammerl und Surfleisch. Doch wie beliebt sind Rind bzw. Kalb bei den bayerischen Küchenmeistern und -meisterinnen?

Schließlich sind die Abbildungen von Fleisch- und Milchkühen, die friedlich auf einer Almwiese grasen, fester Bestandteil der bayerischen Urlaubskataloge. Und tatsächlich: Die Rinder haben den Schweinen, was ihre wirtschaftliche Bedeutung für den Freistaat anbelangt, längst den Rang abgelaufen. Über 100.000 Rinderhalter sorgen heute in Bayern nicht nur dafür, dass täglich frische Milch auf dem Frühstückstisch steht. Die Speisekarten der Wirtshäuser bieten eine reiche Auswahl an Rindergerichten, wobei die Köche besonders gerne Kalbfleisch verarbeiten. Denn außergewöhnlich viele Gerichte mit Kalbfleisch werden heutzutage angeboten – vielleicht auch um die verwöhnten Gaumen der Urlauber mit dem zarten Fleisch zu verwöhnen. Mit Sicherheit spielt aber auch die Nähe zu Österreich eine Rolle, das seine Kalbfleischspezialitäten (etwa das Wiener Schnitzel) aus der Zeit der Donaumonarchie (Österreich-Ungarn) bis heute bewahrt hat. Doch egal, ob man dem Schweine-, dem Rind- oder dem Kalbfleisch den Vorzug gibt - zubereitet werden alle Gerichte nach dem urbayerischen Grundsatz: „Wenig braucht's net sein, wenn's nur guat is!"

Die schwäbischen Bayern

Die Küche der Schwaben ist so vielseitig, dass sie eigentlich ein eigenes Kochbuch füllen könnte. Als Volksstamm des Bundeslandes Bayern wollen wir ihnen aber auch in diesem Buch einige Zeilen widmen, zumal die typischen schwäbischen Gerichte wie Maultaschen, Spätzle oder Flädlesuppe natürlich im Rezeptteil beschrieben werden. Wie kaum ein anderes Volk verstanden es die sparsamen Schwaben, aus spärlichen Zutaten leckere, weit über die Region hinaus beliebte Gerichte herzurichten. Aus Mehl, Eiern und Milch bereiteten sie schon früh die schmackhaftesten Mahlzeiten und streiten sich noch heute mit Geschichtsforschern, die die Meinung vertreten, ihre Maultaschen seien nichts anderes als ein Abklatsch der italienischen Ravioli. Doch das hieße, einen ganzen Volksstamm zu beleidigen! Wie dem auch sei, die Schwaben haben es geschafft, den bayerischen Speiseplan mit einfachsten Zutaten zu bereichern. Denn Bayern besteht keineswegs nur aus Ober- und Niederbayern!

Maultaschen – schwäbische Ravioli?

Vielleicht kennen Sie den lustigen Reim: „Das Innere der Leberworscht ist noch gänzlich unerforscht"! – Nun, von der schwäbischen Maultaschen-Spezialität kann man dies nicht unbedingt behaupten, auch wenn manche Köche ihre Maultaschen mit geheimen Zutaten verfeinern. In der Regel besteht die Füllung der Maultaschen aus Bratwurstbrät, Fleisch, Schinken, Speck, Spinat, Zwiebeln, Eiern, Majoran, Petersilie und Muskat. Der dünne Nudelteig der Maultaschen wird stets gleich zubereitet, bei der Füllung entscheidet die jeweilige Zutatenmenge über den genauen Geschmack. Nur beim Aussehen der Maultaschen gibt es zwei anerkannte Versionen: Die Maultaschen können die Form großer Ravioli haben oder wie in Scheiben geschnittener Strudel aussehen. Maultaschen werden traditionell in zwei Gängen (aber nur in einem einzigen, tiefen Suppenteller) serviert: Zunächst schöpft man sich etwas Brühe aus dem Suppentopf und danach ein bis zwei Maultaschen. Anschließend gibt es Kartoffelsalat, zu dem man sich erneut ein bis zwei Maultaschen auf den Teller nimmt, diesmal mit Zwieblringen garniert. Der Ursprung des Namens liegt im Dunkeln. Zwar gibt es einige Deutungsversuche, diese sind jedoch nicht belegt.

Bier – kein Nahrungs-, sondern ein Lebensmittel

Bierfreunde, die ihren regelmäßigen und oftmals übermäßigen Biergenuss gegenüber anderen rechtfertigen wollen, argumentieren gerne mit der Nahrhaftigkeit des Biers. Aufgrund der vielen gesunden Inhaltsstoffe des ältesten alkoholischen Getränks der Welt sagen auch die Bayern gerne, Bier sei ein Lebensmittel – eine flüssige Nahrung also! Und um diese flüssige Nahrung zu schützen, schuf man schon im Jahre 1516 das bekannte Reinheitsgebot, um sich davor zu bewahren, durch unsaubere Braumethoden „Hopfen und Malz zu verlieren". Die Verordnung, von Herzog Wilhelm IV. und seinem mitregierenden Bruder, Ludwig X., erlassen, besagt, dass für Bier nur Gerstenmalz, Wasser und Hopfen verwendet werden darf, der seit dem frühen Mittelalter als Bierwürzmittel verwendet wird. Die Benutzung von Weizenmalz, das man für das heute in Bayern so beliebte Weißbier benötigt, war damals noch nicht bekannt bzw. wurde noch nicht als schützenswert erachtet. Typisch für Bayern ist neben dem Weiß- oder Weizenbier auch das Helle oder Dunkle – untergärige Biersorten, die mit Export- und Lagerbieren vergleichbar und keine Biere nach Pilsener Brauart sind.
Als Malz bezeichnet man das mit Hilfe von Wasser gekeimte Getreide. Dieses „Grünmalz" wird auf der sogenannten Darre getrocknet und bei 80–105 °C geröstet (je nachdem, wie dunkel das Malz und damit das fertige Bier werden soll!). Das gesäuberte Darrmalz wird erneut mit Wasser vermischt und anschließend „gemaischt". Bei diesem Vorgang wandelt sich die Getreidestärke in Malzzucker um und es entwickelt sich die Würze. Mit dem Würzmittel Hopfen kocht man die Würze danach etwa zwei Stunden. Die fertige Stammwürze wird mit Hefe versetzt und zur Gärung bereitgestellt. Bei diesem Vorgang wird deutlich, warum die obergärigen Bierspezialitäten älter sind als die untergärigen, denn letztere benötigen viel kühlere Temperaturen (was früher ohne Kühlhaus im Sommer nur schwer möglich war). Die Stammwürze wird bei 5–10 °C bis zu zehn Tage vergoren, bis sich der größte Teil der Kohlenhydrate in Alkohol umgewandelt hat (obergärige Biere: bei 15–20 °C zwei bis fünf Tage). Zum Nachgären und Reifen wird das jetzt Jungbier genannte Getränk bei 0 °C für ein bis vier Monate zum Nachgären und Reifen eingelagert. Jetzt wird es noch zur Haltbarmachung gefiltert und in die Flaschen und Fässer gefüllt. Die übliche Einteilung der verschiedenen Biersorten erfolgt nach dem Biersteuergesetz, das nach dem Stammwürzegehalt unterscheidet: Einfachbiere mit bis zu 5,5 Prozent Stammwürze, Schankbiere mit bis zu 8 Prozent und die Vollbiere mit bis zu 14 Prozent Stammwürze. Danach folgen schon die Starkbiere, die über 16 Prozent Stammwürze enthalten können. Diese sind aber selbst von „geeichten" Biertrinkern mit Vorsicht zu genießen!
Typische bayerische Bierspezialitäten sind das Weißbier (Weizenbier) und das Märzen. Für das Weißbier wird neben Gerstenmalz auch Weizenmalz verwendet. Es ist ein obergäriges Bier, das bei Zimmertemperatur gärt. Kristallweizen nennt man die gefilterte Version; das trübe Hefeweizen enthält noch sichtbare Hefebestandteile. Märzen ist ein beliebtes bayerisches Festbier, das auch beim Münchener Oktoberfest reichlich ausgeschenkt wird. Man braut dieses untergärige Bier nur bis zum Monat März und lagert es im Sommer in Kältestollen. Um es den Sommer über haltbar zu machen, wird es besonders stark gebraut.

Die Kunst des Bierbrauens pflegte man schon früh in den bayerischen Klöstern. Spezielle Braumönche widmeten sich (neben dem Beten natürlich) keiner anderen Aufgabe, als Bier zu brauen und die Brautechnik weiterzuentwickeln. Besonders die Benediktiner waren für ihre ausgezeichneten Brauergebnisse bekannt, die während der Fastenzeit tatsächlich als „flüssiges Brot" der Mönche dienten. Der Klosterberg Andechs ist heute eine bayerische Institution. Und so kommen auch die Millionen von Besuchern, die dem Kloster Andechs Jahr für Jahr einen Besuch abstatten, weniger wegen des schönen Rokokointerieurs der Wallfahrtskirche oder der malerischen Wanderwege – sondern wegen des leckeren Fassbieres, das in der Klosterstube und dem riesigen Biergarten ausgeschenkt wird – und zu dem natürlich auch die bekannten bayerischen Spezialitäten (siehe Rezeptteil) gereicht werden. Fünf verschiedene Biersorten werden in der Klosterbrauerei gebraut, zehn Prozent der Produktionsmenge wird von den Besuchern getrunken und gelangt nicht in den Handel. Übrigens bekommen die Besucher im Andechser Wirtshaus nur Fleisch aus eigener Schlachtung, Wurst aus der klostereigenen Metzgerei und speziellen Klosterkäse – nur die Holzkreuze und andere Devotionalien aus dem Klostershop wurden nicht von den Mönchen selbst gefertigt.

Urbayerisch – Wirtshäuser und Biergärten

In Bayern gibt es je nach Jahreszeit unzählige Einkehrmöglichkeiten. In den warmen Monaten des Jahres locken die bevölkerten Biergärten, in denen nicht nur viel geredet, sondern vor allem viel getrunken und gut gegessen wird. Eine deftige Brotzeit schmeckt in geselliger Runde noch mal so gut, besonders wenn es mit einem kühlen Hellen hinuntergespült werden kann. Der Volksfest-Evergreen „In München steht ein Hofbräuhaus" muss vom Ur-Münchener natürlich mit dem Zusatz versehen werden „... und viele, viele andere nette Wirtshäuser mehr!"

Das Auge isst mit!

Wer in Bayern lebt oder schon einmal in der wunderbaren Landschaft, die von Rhön, Bayerischem Wald, Alpen und Schwäbischer Alb umkränzt wird, zu Gast sein durfte, der weiß, von was wir sprechen. Denn inmitten dieser Naturlandschaft und der Großstädte voller Tradition erhält der Leitspruch „Das Auge isst mit" eine zusätzliche Bedeutung. Unzählige Einkehrmöglichkeiten bieten sich dem Urlauber, dem Wanderer und dem Tagesausflügler: Malerische Gasthäuser, Cafés und Vesperstuben liegen oft versteckt in den Wäldern, auf den Almen oder in den kleinen Gassen der Städte. Sie sorgen neben der appetitlich angerichteten Speise für einen zusätzlichen Augenschmaus. Mit diesem Kochbuch können Sie sich zumindest einen Teil des bayerischen Ambientes ins eigene Haus zaubern. Und im Nu werden beim Duft der Knödel und der heißen Suppe Erinnerungen wach – an das Gasthaus, an das Café oder diese Vesperstube und an Ihren Besuch im weißblauen Schlaraffenland.

Interessantes rund um die bayerische Küche

- Wussten Sie, dass Leberkäse weder Leber noch Käse enthält? Für die Herstellung des bayerischen Traditionsgerichts werden Rind- und Schweinefleisch, Speck, Gewürze und gestoßenes Eis verwendet. Das Eis verhindert, dass bei der Zerkleinerung des Fleischs für das Leberkäsbrät das Eiweiß zu schnell gerinnt und das Brät nicht fein genug wird. Für 100 Kilo Leberkäse wird im Schnitt 25 Kilo Eis verwendet, was Spötter zu der Aussage verleitete, das Höchste bei der Leberkäsherstellung sei die Wasserrechnung.

- Die Laugenbrezel (bayerisch: Brezen) verdankt ihren Namen dem Umstand, dass ihr Teig vor dem Backen in Natronlauge getunkt wird. Auf diese Weise wird die Kruste schön dunkel und knusprig. Das berühmte Gebäck soll seine Entstehung angeblich einem Bäckerlehrling verdanken, der den Teig vor 200 Jahren statt in Zuckerwasser in Seifenputzlauge tauchte.

- Die Klöster Bayerns trugen nicht nur durch das Brauen von Bier zum leiblichen Wohl des Volkes bei. In ihren Gärten wurden auch Zuchtversuche mit Gemüsesorten unternommen, die heute in jedem Supermarkt erhältlich sind. So fanden auch Gurken, Kürbisse, Kohlrabi, Lauch und Rettich über die Gärten der Nonnen und Mönche den Weg in die Regale der Supermärkte.

Vorspeisen und Suppen

Flädlesuppe

Für 4 Personen:

150 g Mehl
Salz
1/4 l Milch
2 Eier
Fett zum Ausbacken
1 l Fleisch- oder Gemüsebrühe
4 EL gemischte, gehackte Kräuter

So wird's gemacht:

1. Das Mehl mit dem Salz, der Milch und den Eiern zu einem dünnen Teig verrühren.

2. Das Fett portionsweise in einer Pfanne erhitzen, nach und nach sehr dünne Pfannkuchen ausbacken und erkalten lassen.

3. Die Pfannkuchen aufrollen und in feine Streifen schneiden.

4. Die Fleisch- oder Gemüsebrühe zum Kochen bringen und die Pfannkuchenstreifen hineingeben. Die Suppe vom Herd nehmen, mit den gehackten Kräutern bestreuen, ausgarnieren und sofort servieren.

Zubereitungszeit: ca. 25–30 Minuten
Pro Portion: 304,7 kcal/1277,7 kJ
10,3 g E, 13,5 % F, 31,9 % KH

Brätknödelsuppe mit Backerbsen

Für 4 Personen:

300 g Kalbsbrät
60 g Butter oder Margarine
60 g Semmelbrösel
2 Eier
1 EL geriebene Zitronenschale
Salz, Pfeffer aus der Mühle
1 Prise Muskat
1 Prise Cayennepfeffer
1/2 Bund Petersilie
1 l Gemüse- oder Fleischbrühe
100 g Backerbsen

So wird's gemacht:

1. Das Kalbsbrät in eine Schüssel geben. Die Butter oder Margarine schaumig schlagen und abwechselnd mit den Semmelbröseln, den Eiern und der geriebenen Zitronenschale unter das Kalbsbrät mischen.

2. Das Brät mit Salz, Pfeffer, Muskat und Cayennepfeffer kräftig abschmecken und die verlesene, gewaschene und fein gehackte Petersilie untermischen. Die Gemüse- oder Fleischbrühe in einem Topf erhitzen. Aus der Brätmasse mit 2 Esslöffeln Klößchen formen und diese in die kochende Brühe einlegen. 5–6 Minuten ziehen lassen.

3. Die Suppe nochmals abschmecken, dekorativ anrichten, ausgarnieren und mit den Backerbsen servieren.

Zubereitungszeit: ca. 30–40 Minuten
Pro Portion: 528,8 kcal/2216,1 kJ
21,8 g E, 38,4 g F, 16,6 g KH

Tafelspitzsülze mit Kräutervinaigrette

Für 4 Personen:

1 1/2 l Wasser
800 g Tafelspitz
Salz
1 Bund Suppengemüse
1 Zwiebel
1 TL schwarze Pfefferkörner
2 Karotten
1/2 Sellerieknolle
1 Stange Lauch
Gemüsebrühe zum Blanchieren
60 g Sülzenpulver (Fertigprodukt)
4–5 EL Essig

Für die Kräuter-Vinaigrette:

4 Tomaten
1 Zwiebel
1 Bund Basilikum
1 Bund Schnittlauch
1 Tasse Weinessig
1 1/2 Tassen Olivenöl
Salz
Pfeffer aus der Mühle
1 Prise Cayennepfeffer

So wird's gemacht:

1. Das Wasser zum Kochen bringen, das Fleisch einlegen, etwas Salz dazugeben und das Fleisch 60 Minuten bei mittlerer Hitze kochen lassen.

2. Das Suppengemüse putzen und klein schneiden, die Zwiebel schälen und klein schneiden, mit den Pfefferkörnern zum Fleisch geben und das Fleisch weitere 60 Minuten kochen.

3. Das Fleisch herausnehmen und erkalten lassen. Die Karotten und die Sellerieknolle schälen und fein würfeln, den Lauch putzen und klein schneiden. In der erhitzten Gemüsebrühe kurz blanchieren, herausnehmen und in Eiswasser abschrecken.

4. Die Fleischbrühe abseihen, nach Bedarf mit Gemüsebrühe oder Wasser auf 1 l auffüllen, erhitzen und das Sülzenpulver sowie den Essig einrühren.

5. Die Flüssigkeit abkühlen lassen, in der Zwischenzeit den Tafelspitz in dünne Scheiben schneiden und abwechselnd mit dem Gemüse in eine Kastenform schichten.

6. Die fast kalte Flüssigkeit vorsichtig darüber gießen, das Ganze mindestens 180 Minuten in den Kühlschrank stellen und vollständig fest werden lassen.

7. Die Tomaten enthäuten, entkernen und in feine Würfel schneiden, die Zwiebel schälen und fein hacken, die Kräuter verlesen, waschen und klein schneiden.

8. Den Essig in eine Schüssel geben und die Tomatenwürfel, die Zwiebel und die Kräuter einrühren.

9. Das Olivenöl tropfenweise einrühren und das Dressing mit Salz, Pfeffer und Cayennepfeffer kräftig abschmecken.

10. Die Tafelspitzsülze in Scheiben schneiden, mit der Kräutervinaigrette überziehen, ausgarnieren und servieren.

Zubereitungszeit: ca. 6 Stunden
Pro Portion: 652,6 kcal/2733 kJ
18,1 g E, 57,2 g F, 10 g KH

Lauchsuppe

Für 4 Personen:

- 1 Zwiebel
- 3–4 Stangen Lauch
- 2–3 EL Butter oder Margarine
- 2–3 EL Mehl
- 1 Glas Weißwein
- 1/2 l Gemüsebrühe
- Salz
- Pfeffer aus der Mühle
- 1 Prise Muskat
- 1 Prise Cayennepfeffer
- 1 Becher Sahne
- Lauchringe zum Garnieren

So wird's gemacht:

1. Die Zwiebel schälen und fein hacken, den Lauch putzen und in Ringe schneiden.

2. Die Butter oder Margarine in einem Topf erhitzen und den Lauch darin anschwitzen. Mit Mehl bestäuben, kurz rösten, mit Weißwein ablöschen, mit der Gemüsebrühe auffüllen und 8–10 Minuten köcheln lassen.

3. Die Suppe mit Salz, Pfeffer, Muskat und Cayennepfeffer abschmecken und die Sahne einrühren. Nochmals erhitzen, aber nicht kochen lassen, dekorativ anrichten, mit fein geschnittenen Lauchringen ausgarnieren und sofort servieren.

Zubereitungszeit: ca. 20–30 Minuten
Pro Portion: 347,5 kcal/1456,4 kJ
5,6 g E, 25,2 g F, 14,7 g KH

Tomatensuppe

Für 4 Personen:

1 kg reife Tomaten
1/2 l Gemüsebrühe
1 Zweig Thymian
30 g Butterschmalz
1 Zwiebel
30–40 g Mehl
Salz
Pfeffer aus der Mühle
1 Prise Zucker
einige Tropfen Zitronensaft
1 Becher Sahne
Kräuterzweige zum Garnieren

So wird's gemacht:

1. Die Tomaten waschen, den Strunk herausschneiden und die Tomaten klein schneiden. Die Tomaten mit der Gemüsebrühe in einen Topf geben und erhitzten, den Thymian dazugeben und das Ganze bei mäßiger Hitze 15 Minuten kochen. Die Suppe vom Herd nehmen und durch ein Sieb streichen oder im Mixer pürieren.

2. Das Butterschmalz in einem Topf erhitzen, die geschälte und fein gehackte Zwiebel darin glasig schwitzen. Das Mehl darüber stäuben und hellgelb rösten. Mit der Tomatenbrühe ablöschen und etwa 10 Minuten kochen lassen.

3. Die Tomatensuppe mit Salz, Pfeffer, Zucker und Zitronensaft kräftig abschmecken und die Hälfte der Sahne einrühren. Nochmals erhitzen, aber nicht kochen lassen. Die restliche Sahne steif schlagen, nach Geschmack leicht salzen und in einen Spritzbeutel füllen.

4. Die Suppe dekorativ anrichten, je 1 Tuff Sahne in die Mitte setzen, mit Kräuterzweigen ausgarnieren und servieren.

Zubereitungszeit: ca. 30–40 Minuten
Pro Portion: 321,6 kcal/1342,1 kJ
5,2 g E, 24,4 g F, 16,9 g KH

Altbayerisches Lüngerl

Für 4 Personen:

1 kg Kalbslunge
Salzwasser
2 Bund Suppengrün
1 Zwiebel
2–3 Lorbeerblätter
einige Wacholderbeeren
einige Pfefferkörner
30 g Butterschmalz
1/2 Zwiebel
30–40 g Mehl
Salz
Pfeffer aus der Mühle
1 Prise Zucker
2–3 EL Essig
einige Tropfen Weinbrand
2 EL gemischte, gehackte Kräuter

So wird's gemacht:

1. Die Lunge wässern und anschließend in reichlich Salzwasser mit dem klein geschnittenen Suppengrün, der geschälten und in Spalten geschnittenen Zwiebel, den Lorbeerblättern, den Wacholderbeeren und den Pfefferkörnern 50–60 Minuten kochen.

2. Die Lunge aus dem Sud nehmen, die großen Röhren entfernen und die Lunge in feine Streifen schneiden.

3. Das Butterschmalz in einem Topf erhitzen und die geschälte und fein gehackte Zwiebel darin glasig schwitzen. Im Anschluss daran das Mehl darüber stäuben und unter ständigem Rühren hellbraun rösten.

4. Den Kochsud abseihen und die Einbrenne mit 3/4 l Sud ablöschen. 5–10 Minuten kochen lassen, mit Salz, Pfeffer, Zucker und Essig kräftig abschmecken und mit Weinbrand verfeinern.

5. Die Lunge in die Einbrenne geben, nochmals 10 Minuten köcheln lassen und erneut abschmecken.

6. Das Lüngerl dekorativ anrichten, mit den gemischten, gehackten Kräutern bestreuen, ausgarnieren und servieren.

Zubereitungszeit: ca. 80–90 Minuten
Pro Portion: 380,8 kcal/1590,2 kJ
46,1 g E, 13,2 g F, 9,1 g KH

Altbayerische Kartoffelsuppe

Für 4 Personen:

600 g Kartoffeln
1 Karotte
1 Stück Knollensellerie
1 Stange Lauch
2 Zwiebeln
2 Knoblauchzehen
50 g Butterschmalz
1 l Gemüse- oder Fleischbrühe
Salz
Pfeffer aus der Mühle
1 Prise gemahlener Kümmel
1 EL Majoran, frisch oder getrocknet
1 Becher Crème fraîche
100 g durchwachsener, geräucherter Speck
1 Zwiebel
1 Bund Schnittlauch

So wird's gemacht:

1. Die Kartoffeln, die Karotte und den Sellerie schälen, waschen und in kleine Würfel oder dünne Scheiben schneiden.

2. Den Lauch putzen, waschen und in Ringe schneiden. Die Zwiebeln und den Knoblauch schälen und fein würfeln.

3. Das Butterschmalz in einem Topf erhitzen und das Gemüse darin anschwitzen.

4. Mit der Gemüse- oder Fleischbrühe aufgießen, mit Salz, Pfeffer und Kümmel kräftig würzen und das Ganze 10 Minuten kochen lassen, dabei öfter umrühren.

5. Nach Garende die Suppe im Mixer oder mit dem Pürierstab pürieren, den Majoran und die Crème fraîche unterziehen.

6. Den Speck in Würfel oder Streifen schneiden und in einer Pfanne auslassen. Die Zwiebel schälen, in Ringe schneiden, zum Speck geben und anbraten.

7. Den Schnittlauch verlesen, waschen und in feine Röllchen schneiden.

8. Die altbayerische Kartoffelsuppe in Tassen oder Tellern anrichten, mit dem Speck, den Zwiebeln und den Schnittlauchröllchen bestreuen und sofort servieren.

Zubereitungszeit: ca. 45 Minuten
Pro Portion: 644,9 kcal/2703,2 kJ
8,4 g E, 49,6 g F, 34,8 g KH

Rumfordsuppe

Für 4 Personen:

150 g getrocknete Erbsen
1/2–3/4 l Gemüsebrühe
1 Zwiebel
1 Karotte
1 Kartoffel
1 Stück Knollensellerie
50 g Rollgerste
50 g durchwachsener, geräucherter Speck
1/2 l Gemüse- oder Fleischbrühe
Salz
Pfeffer aus der Mühle
1 Bund Petersilie

So wird's gemacht:

1. Die Erbsen mit der Gemüsebrühe bedecken und über Nacht einweichen. Am nächsten Tag die Erbsen in der Brühe etwa 60 Minuten bei mäßiger Hitze kochen.

2. In der Zwischenzeit die Zwiebel, die Karotte, die Kartoffel und den Sellerie schälen und in kleine Würfel schneiden, die Rollgerste waschen und abtropfen lassen.

3. Den Speck in Würfel schneiden und in einem Topf auslassen, die Rollgerste und das Gemüse dazugeben und kurz anschwitzen.

4. Die Gemüse- oder Fleischbrühe angießen, mit Salz und Pfeffer würzen und alles 15–20 Minuten kochen lassen. Die Erbsensuppe im Mixer oder mit dem Pürierstab pürieren, dazugeben und erhitzen.

5. Die Suppe anrichten, mit der verlesenen, gewaschenen und fein gehackten Petersilie bestreuen, ausgarnieren und servieren.

Zubereitungszeit: ca. 12 Stunden
Pro Portion: 321,4 kcal/1347,5 kJ
13,8 g E, 11 g F, 37,4 g KH

Riebelesuppe

Für 4 Personen:

60–80 g Mehl
Salz
1 kleines Ei
1 l Fleisch- oder Gemüsebrühe
Salz
Pfeffer aus der Mühle
1 Prise Muskat
1/2 Bund Schnittlauch
1/2 Bund Petersilie

So wird's gemacht:

1. Das Mehl mit dem Salz und dem Ei zu einem sehr festen Teig verkneten und mit dem Reibeisen reiben.

2. Die Riebele trocknen lassen und anschließend in der kochenden Fleisch- oder Gemüsebrühe ca. 10 Minuten kochen.

3. Die Riebelesuppe mit Salz, Pfeffer und Muskat kräftig abschmecken. Den Schnittlauch und die Petersilie verlesen, waschen und fein schneiden, über die Suppe streuen und sofort servieren.

Zubereitungszeit: ca. 20–30 Minuten
Pro Portion: 124,5 kcal/522,2 kJ
4,9 g E, 3,7 g F, 16,5 g KH

Spezialitäten
vom Land

Kutteln in Gemüsesauce

Für 4 Personen:

- 500 g küchenfertige, gegarte Kutteln
- 1 Zwiebel
- 1–2 Knoblauchzehen
- 1 TL Salz
- 1 Karotte
- 1 Stück Knollensellerie
- 4–5 Tomaten
- 1–2 EL Butter oder Margarine
- 3/4 l Fleisch- oder Gemüsebrühe
- 1 Lorbeerblatt
- einige Wacholderbeeren
- 1/2 TL Thymian
- Salz
- Pfeffer aus der Mühle
- Speisestärke zum Binden
- einige Tropfen Essig oder Zitronensaft
- 1 Tasse gemischte, gehackte Kräuter

So wird's gemacht:

1. Die gegarten Kutteln in Streifen schneiden und bereitstellen.

2. Die Zwiebel schälen und fein hacken, die Knoblauchzehen schälen und mit Salz zu einer Paste zerreiben.

3. Die Karotte und den Knollensellerie schälen und in feine Würfel schneiden, die Tomaten enthäuten, entkernen und klein schneiden.

4. Die Butter oder Margarine in einem Topf erhitzen und die Zwiebel sowie die Knoblauchpaste darin anschwitzen.

5. Das restliche Gemüse dazugeben und ebenfalls kurz mitschwitzen.

6. Die Fleisch- oder Gemüsebrühe angießen, das Lorbeerblatt, die Wacholderbeeren und den Thymian einlegen und das Gemüse bissfest garen.

7. Mit Salz und Pfeffer würzen, mit etwas angerührter Speisestärke binden und durch ein Sieb streichen.

8. Die Kutteln in die Sauce geben und erhitzen. Mit Essig oder Zitronensaft abrunden und die gemischten, gehackten Kräuter unterziehen. Die Kutteln anrichten, ausgarnieren und mit Petersilienkartoffeln servieren.

Zubereitungszeit: ca. 30–40 Minuten
Pro Portion: 256,2 kcal/1073,9 kJ
15,6 g E, 14,9 g F, 11,6 g KH

G'röstel mit Ei

Für 4 Personen:

750 g Pellkartoffeln
200 g durchwachsener, geräucherter Speck
30–40 g Schweineschmalz
2 Zwiebeln
Salz
Pfeffer aus der Mühle
Kümmel nach Geschmack
4 Eier
Butter oder Margarine zum Braten
1 Bund Petersilie

So wird's gemacht:

1. Die Kartoffeln pellen und in Scheiben schneiden.

2. Den Speck in Würfel oder Streifen schneiden und im erhitzten Schweineschmalz auslassen.

3. Die Zwiebeln schälen, in Scheiben schneiden, mit den Kartoffeln zum Speck geben und das Ganze unter mehrmaligem Wenden goldbraun braten.

4. Das G'röstel mit Salz, Pfeffer und Kümmel nach Geschmack würzen und auf 4 Tellern anrichten.

5. Die Eier im Fett braten, auf die Bratkartoffeln gleiten lassen, mit der fein gehackten Petersilie bestreuen und sofort servieren.

Zubereitungszeit: ca. 20–30 Minuten
Pro Portion: 749,2 kcal/3136,6 kJ
15,2 g E, 56,6 g F, 34,6 g KH

Linseneintopf mit Spätzle

Für 4 Personen:

400 g Linsen
1 l Gemüse- oder Fleischbrühe
2 Bund Suppengemüse
30 g Butter oder Margarine
30 g Mehl
Salz
Pfeffer aus der Mühle
1 Prise Zucker
2–3 EL Weinessig
4 Wiener Würstchen
800 g fertig gegarte Spätzle
2–3 EL Butter
Kräuterzweige zum Garnieren

So wird's gemacht:

1. Die Linsen waschen, in eine Schüssel geben, mit der Gemüse- oder Fleischbrühe bedecken und über Nacht einweichen lassen.

2. Die Linsen in der Brühe mit dem geputzten, klein geschnittenen Gemüse 60–90 Minuten bei mäßiger Hitze weich kochen.

3. Aus der Butter oder Margarine und dem Mehl eine Einbrenne zubereiten, mit der Linsensuppe auffüllen und 10–15 Minuten kochen lassen.

4. Mit Salz, Pfeffer, Zucker und Weinessig abschmecken.

5. Die Wiener Würstchen in mundgerechte Stücke schneiden und zu den Linsen geben.

6. Zum Schluss die Spätzle in Butter anschwenken, zum Linseneintopf geben, den Eintopf mit Kräuterzweigen ausgarnieren und sofort servieren.

Zubereitungszeit: ca. 12 Stunden
Pro Portion: 782,5 kcal/3278,6 kJ
31,9 g E, 46,6 F, 48,9 g KH

TIPP: Noch leckerer schmeckt der Linseneintopf, wenn Sie zum Schluss ausgelassenen, in Würfel geschnittenen Speck darüber streuen.

Gefüllte Wirsingrouladen

Für 4 Personen:

1 mittelgroßer Kopf Wirsing
Salzwasser zum Garen

Für die Füllung:

600 g gemischtes Hackfleisch
Salz, Pfeffer aus der Mühle
1 Ei, 1 altbackenes Brötchen
1 Zwiebel
4 EL gemischte, gehackte Kräuter (Petersilie, Thymian, Basilikum, Liebstöckel)

Außerdem:

1–2 EL Butter oder Margarine
1/2–3/4 l Fleisch- oder Gemüsebrühe
Mehl oder Speisestärke zum Binden

So wird's gemacht:

1. Acht schöne Blätter vom Wirsing ablösen und in Salzwasser bissfest garen, herausnehmen, abschrecken und abtropfen lassen.

2. Aus dem Hackfleisch, etwas Salz und Pfeffer, dem Ei, dem eingeweichten und gut ausgedrückten Brötchen, der fein gehackten Zwiebel und den Kräutern einen Teig kneten.

3. Die Wirsingblätter auf eine Arbeitsfläche legen, die Hackfleischmasse gleichmäßig darauf verteilen, die Ränder einschlagen und die Blätter aufrollen.

4. Mit Küchenschnur binden und danach in der erhitzten Butter oder Margarine anbraten.

5. Mit der Fleisch- oder Gemüsebrühe ablöschen und die Wirsingrouladen etwa 30 Minuten garen.

6. Nach Ende der Garzeit die Rouladen herausnehmen und warm stellen. Die Sauce nach Geschmack mit Mehl oder Speisestärke binden und nochmals abschmecken.

7. Die Wirsingrouladen in Scheiben schneiden, auf heißen Tellern anrichten, mit der Sauce überziehen und mit Salzkartoffeln und Karottengemüse servieren.

Zubereitungszeit: ca. 60–70 Minuten
Pro Portion: 703 kcal/2949 kJ
39,5 g E, 46,2 g F, 22,4 g KH

Gebackener Kalbskopf

Für 4 Personen:

1,2 kg ausgelöstes Kalbskopffleisch (vom Metzger vorbereiten lassen)
1 1/2 l Gemüse- oder Fleischbrühe
Salz
Essig nach Geschmack
2 Bund Suppengemüse
3 Zwiebeln
Mehl zum Wenden
2–3 Eier
2 Tassen Semmelbrösel
Butterschmalz zum Braten

So wird's gemacht:

1. Das Kalbskopffleisch unter fließendem Wasser waschen und abtropfen lassen.

2. Die Gemüse- oder Fleischbrühe in einem Topf erhitzen, mit Salz und Essig kräftig abschmecken. Das geputzte, klein geschnittene Suppengemüse und die geschälten, in Stücke geschnittenen Zwiebeln dazugeben und zum Kochen bringen.

3. Das Kalbskopffleisch hineingeben, bei mäßiger Hitze etwa 90–120 Minuten kochen. Herausnehmen und in Würfel schneiden.

4. Das Fleisch in eine Kastenform pressen, am besten über Nacht fest werden lassen.

5. Das Fleisch aus der Form lösen, in Scheiben schneiden und im Mehl wenden. Die Scheiben durch die verschlagenen Eiern ziehen und mit den Semmelbröseln panieren.

6. Etwas Butterschmalz in einer Pfanne erhitzen und die Kalbskopfscheiben darin von beiden Seiten goldbraun braten.

7. Die Kalbskopfscheiben dekorativ anrichten, ausgarnieren und mit Bratkartoffeln und Remoulade servieren.

Zubereitungszeit: ca. 12 Stunden
Pro Portion: 845,2 kcal/3538 kJ
72,7 g E, 39,6 g F, 33,9 g KH

Schnelles Zwiebelfleisch

Für 4 Personen:

20–30 g Butterschmalz
4 Zwiebeln
800 g fertig gegarte Ochsenbrust
1/2 l gebundene helle Sauce
Salz
Pfeffer aus der Mühle
1–2 EL Kümmel nach Geschmack
1 Becher Sahne
1 Bund Petersilie
Kräuterzweige zum Garnieren

So wird's gemacht:

1. Das Butterschmalz in einem Topf erhitzen und die geschälten, in Scheiben geschnittenen Zwiebeln darin glasig schwitzen.

2. Die Ochsenbrust in Scheiben schneiden, zu den Zwiebeln geben und anschwitzen.

3. Die helle Sauce angießen, das Ganze einmal aufkochen lassen und mit Salz, Pfeffer und Kümmel nach Geschmack würzen. Die Sauce mit Sahne verfeinern, die Petersilie verlesen, hacken und unterheben.

4. Das Zwiebelfleisch dekorativ anrichten, mit Kräuterzweigen ausgarnieren und sofort servieren.

Zubereitungszeit: ca. 25–30 Minuten
Pro Portion: 458,6 kcal/1917,3 kJ
15,4 g E, 36,5 g F, 12,3 g KH

TIPP:
Dieses Gericht eignet sich sehr gut, um Fleischreste von einer anderen Mahlzeit aufzubrauchen.

Hackbällchen auf Gemüse

Für 4 Personen:

600 g Hackfleisch
1 altbackenes Brötchen, 2 Eier
Salz
Pfeffer aus der Mühle
1 Prise Muskat
1 Zwiebel
1/2 Bund Petersilie
Schale von 1/2 Zitrone
4 Sardellenfilets
30 g Butter oder Margarine
1 Zwiebel, 30 g Mehl
1/2 l Fleischbrühe
500 g gemischtes Gemüse (Blumenkohl, Brokkoli, Karotten, Erbsen, Bohnen)
Gemüsebrühe zum Garen
1 Becher Sahne
1 EL Zitronensaft
3 EL Sauerrahm

So wird's gemacht:

1. Das Hackfleisch in eine Schüssel geben. Das eingeweichte, gut ausgedrückte Brötchen, die Eier und die Gewürze dazugeben.

2. Die Zwiebel schälen, fein hacken und mit der gehackten Petersilie und der Zitronenschale zum Fleisch geben.

3. Die Sardellenfilets fein hacken, dazugeben und alles zu einem Fleischteig verkneten. Mit nassen Händen Bällchen formen.

4. Die Butter oder Margarine in einem Topf erhitzen, die geschälte, fein gehackte Zwiebel darin glasig schwitzen, das Mehl darüber stäuben und anschwitzen. Mit dem Schneebesen die Fleischbrühe einrühren und aufkochen lassen.

5. Die Fleischbällchen in die Sauce legen und 15–20 Minuten bei schwacher Hitze köcheln lassen. In der Zwischenzeit das Gemüse putzen, klein schneiden und in der Gemüsebrühe bissfest garen.

6. Die Bällchen herausnehmen, die Sauce mit Salz, Pfeffer und Muskat abschmecken, mit der Sahne, dem Zitronensaft und dem Sauerrahm verfeinern. Das Gemüse unter die Sauce heben und nochmals erhitzen, aber nicht kochen lassen. Die Fleischbällchen mit der Gemüsesauce anrichten, ausgarnieren und servieren.

Zubereitungszeit: ca. 50–60 Minuten
Pro Portion: 969,3 kcal/4060,4 kJ
42,2 g E, 71,4 g F, 25,9 g KH

Großmutters Rinderroulade

Für 4 Personen:

4 dünne Rinderrouladen à 180 g
Salz
Pfeffer aus der Mühle
4 EL mittelscharfer Senf
4 dünne Scheiben durchwachsener, geräucherter Speck
1 Zwiebel
1 Karotte
4 kleine Essiggurken
1 Stange Staudensellerie

Außerdem:

2–3 EL Butterschmalz
1 Zwiebel
1 Bund Suppengemüse
2–3 EL Tomatenmark
1/4 l Rotwein
3/8 l gebundene Bratensauce
1 Gewürzsäckchen (Lorbeer, Wacholder, Pfefferkörner und Nelken)
Kräuterzweige zum Garnieren

So wird's gemacht:

1. Die küchenfertigen Rinderrouladen unter fließendem Wasser waschen, trockentupfen und dünn klopfen. Die Rouladen mit Salz und Pfeffer würzen, mit Senf bestreichen und je eine Scheibe durchwachsenen Speck darauflegen.

2. Die Zwiebel schälen, in Scheiben schneiden, die Karotte schälen und in vier Stifte schneiden.

3. Die Zwiebelscheiben, die Karottenstifte und die Essiggurken auf die Rouladen legen. Den Staudensellerie putzen, ebenfalls in feine Stücke schneiden und auf die Rouladen legen.

4. Die Rouladen zusammenrollen, mit Zahnstochern feststecken oder mit Küchengarn binden. Das Butterschmalz in einem Bräter erhitzen und die Rouladen darin rundherum Farbe nehmen lassen.

5. Die Zwiebel schälen, das Suppengemüse putzen, beides klein schneiden, zu den Rouladen geben und kurz mitbraten. Das Tomatenmark einrühren, mit Rotwein ablöschen und mit der Bratensauce auffüllen. Das Gewürzsäckchen in die Sauce geben und im auf 180–200 °C vorgeheizten Backofen zugedeckt 60–90 Minuten schmoren lassen.

6. Nach Ende der Garzeit die Rouladen herausnehmen, das Gewürzsäckchen entfernen, die Sauce im Mixer oder mit dem Pürierstab pürieren, mit Salz und Pfeffer kräftig würzen.

7. Die Sauce und die Rouladen mit Kräuterzweigen ausgarnieren und mit Karottengemüse und Kartoffelpüree servieren.

Zubereitungszeit: ca. 120 Minuten
Pro Portion: 709 kcal/2967,8 kJ
44,7 g E, 42,6 g F, 16,8 g KH

Gefüllte Paprikaschoten

Für 4 Personen:

8 mittelgroße Paprikaschoten
1–2 EL Butter oder Margarine
1 große Zwiebel
300 g Hackfleisch
Salz
Pfeffer aus der Mühle
1 Prise Paprikapulver edelsüß
100 g Emmentaler Käse
1–2 EL Butter oder Margarine
1 Zwiebel
1/4–3/8 l gebundene Tomatensauce
Kräuterzweige zum Garnieren

So wird's gemacht:

1. Die Paprikaschoten putzen, halbieren, entkernen, waschen und gut abtropfen lassen.

2. Die Butter oder Margarine in einem Topf erhitzen und die geschälte, fein gehackte Zwiebel darin glasig schwitzen.

3. Das Hackfleisch dazugeben und unter ständigem Rühren anbraten. Mit Salz, Pfeffer und Paprikapulver kräftig abschmecken und den geriebenen oder in Würfel geschnittenen Emmentaler untermischen.

4. Die Hackfleischmasse in die Paprikaschoten füllen.

5. Die Butter oder Margarine in einem Topf erhitzen und die geschälte, in Würfel geschnittene Zwiebel darin glasig schwitzen. Die gefüllten Paprikaschoten dazugeben und kurz mitschwitzen.

6. Die Tomatensauce angießen und die Paprikaschoten 20–25 Minuten garen.

7. Die Paprikaschoten mit der Sauce anrichten, mit Kräuterzweigen ausgarnieren und mit Kartoffelpüree servieren.

Zubereitungszeit: ca. 50–60 Minuten
Pro Portion: 549,7 kcal/2303,9 kJ
24,9 g E, 41,1 g F, 12,8 g KH

Gefüllte Kohlrabi

Für 4 Personen:

8 mittelgroße, junge Kohlrabi
Salzwasser
250 g gemischtes Hackfleisch
50 g gegarte Fleischreste
1 altbackenes Brötchen
1–2 Eier
1 Zwiebel
1–2 EL Butter oder Margarine
1–2 EL gehackte Petersilie
1 TL geriebene Zitronenschale
Salz
Pfeffer aus der Mühle
Muskatpulver
Majoran nach Geschmack
1–2 EL Butter oder Margarine
1/4–3/8 l Gemüsebrühe
Speisestärke zum Binden
1 Prise Cayennepfeffer
1 Prise Zucker
1 Becher Sahne
Kohlrabigrün

So wird's gemacht:

1. Die Kohlrabi putzen, schälen, waschen und in Salzwasser halb weich kochen. Einen Deckel abschneiden und die Kohlrabi aushöhlen. Das Ausgehöhlte klein schneiden oder hacken.

2. Das Hackfleisch mit den gegarten, durch den Fleischwolf gedrehten Fleischresten, dem eingeweichten, gut ausgedrückten Brötchen und den Eiern in eine Schüssel geben und vermischen.

3. Die Zwiebel schälen, fein hacken und in der erhitzten Butter oder Margarine glasig schwitzen, die Petersilie dazugeben und kurz mitschwitzen.

4. Die Mischung mit der geriebenen Zitronenschale und den Kohlrabistücken zum Hackfleisch geben, mit Salz, Pfeffer, Muskat und Majoran abschmecken und das Ganze zu einem geschmeidigen Teig verkneten.

5. Die Masse in die Kohlrabi füllen und die Deckel darauf setzen.

6. Die Butter oder Margarine in einem Topf erhitzen und die gefüllten Kohlrabi darin kurz andünsten. Die Gemüsebrühe angießen und die Kohlrabi 25–30 Minuten garen.

7. Die Sauce mit etwas angerührter Speisestärke binden, mit Salz, Pfeffer, Muskat, Cayennepfeffer und Zucker kräftig abschmecken und die Sahne einrühren.

8. Das Ganze nochmals erhitzen, aber nicht kochen lassen, und das fein gehackte Kohlrabigrün einrühren. Die gefüllten Kohlrabi mit der Sauce anrichten, ausgarnieren und mit Reis und Karotten servieren.

Zubereitungszeit: ca. 50–60 Minuten
Pro Portion: 621,3 kcal/2601,8 kJ
23,2 g E, 45,6 g F, 22,6 g KH

Kartoffelauflauf mit Butterkäse

Für 4 Personen:

800 g Kartoffeln
Salz
Pfeffer aus der Mühle
1 Prise Muskat
1–2 EL Butter oder Margarine
150 g durchwachsener Speck
2 Zwiebeln
1 Stange Lauch
200 g Mischpilze
Saft von 1 Zitrone
1/8 l Gemüse- oder Fleischbrühe
2 Becher Sahne
4 Eier
250 g geriebener Butterkäse

So wird's gemacht:

1. Die Kartoffeln garen, erkalten lassen, pellen und in Scheiben schneiden. Die Kartoffeln mit Salz, Pfeffer und Muskat würzen.

2. Die Butter oder Margarine erhitzen, den in feine Würfel geschnittenen Speck auslassen.

3. Die Zwiebeln schälen, fein hacken, den Lauch putzen, waschen, in Ringe schneiden, beides zum Speck geben und mitbraten.

4. Die Mischpilze putzen, klein schneiden, mit Zitronensaft beträufeln, zu den Zwiebeln geben und kurz mitschwitzen.

5. Die Pilze mit der Brühe ablöschen, mit Salz, Pfeffer und Muskat abschmecken und bei mäßiger Hitze 5 Minuten garen. Eine Auflaufform ausfetten und die Kartoffeln sowie das Pilzgemüse schichtweise einfüllen.

6. Die Sahne mit den Eiern und der Hälfte des Käses verrühren, mit Salz, Pfeffer und Muskat abschmecken und auf dem Auflauf verteilen, mit Kartoffelscheiben abdecken und mit dem restlichen Käse bestreuen.

7. Den Auflauf im auf 180–200 °C vorgeheizten Backofen in 20 Minuten garen, anrichten, ausgarnieren und servieren.

Zubereitungszeit: ca. 60 Minuten
Pro Portion: 1066,1 kcal/4462,8 kJ
26,2 g E, 82,3 g F, 43,6 g KH

Hacksteak „Bayerische Art"

Für 4 Personen:

800 g Hackfleisch
2 altbackene Brötchen
Milch oder Wasser zum Einweichen
2 Eier
2 Zwiebeln
1/2 Bund Petersilie
1 EL Majoran
1 TL Thymian
Salz
Pfeffer aus der Mühle
1 Prise Muskat
Fett zum Braten

So wird's gemacht:

1. Das Hackfleisch in eine Schüssel geben. Die Brötchen in lauwarmer Milch oder lauwarmem Wasser einweichen, gut ausdrücken und unter das Hackfleisch mischen.

2. Die Eier, die geschälten, fein gehackten Zwiebeln, die gehackte Petersilie und die Gewürze unterarbeiten, die Masse mit Salz, Pfeffer und Muskat würzen.

3. Aus der Masse mit nassen Händen kleine Steaks formen.

4. Etwas Fett in einer Pfanne erhitzen und die Hacksteaks darin auf beiden Seiten goldbraun braten.

5. Die Hacksteaks dekorativ anrichten und nach Geschmack mit gerösteten Zwiebeln, gebratenen Speckscheiben und Spiegeleiern servieren.

Zubereitungszeit: ca. 30–40 Minuten
Pro Portion: 877,9 kcal/3678 kJ
44,8 g E, 64,0 g F, 17,3 g KH

Abgeröstete Semmelknödel

Für 4 Personen:

2 große Zwiebeln
100 g Butter oder Margarine
6–8 fertig gegarte Semmelknödel
Salz
Pfeffer aus der Mühle
Kräuterzweige zum Garnieren

So wird's gemacht:

1. Die Zwiebeln schälen und in Würfel schneiden.

2. Etwas Butter oder Margarine in einer Pfanne erhitzen, die Zwiebeln darin glasig schwitzen, herausnehmen und bereitstellen.

3. Die restliche Butter ins verbliebene Zwiebelfett geben und erhitzen. Die Semmelknödel in Scheiben schneiden, hineingeben und von beiden Seiten rösten.

4. Die Semmelknödel mit Salz und Pfeffer würzen, dekorativ anrichten, mit den Zwiebelwürfeln bestreuen, mit Kräuterzweigen ausgarnieren und servieren.

Zubereitungszeit: ca. 15–20 Minuten
Pro Portion: 504,8 kcal/2112 kJ
10,8 g E, 32,4 g F, 37 g KH

Schlemmertoast

Für 4 Personen:

8 Scheiben Toastbrot
Butter zum Bestreichen
600 g gebratenes Schweinefilet
100 g durchwachsener, geräucherter Speck
100 g frische Champignons
1/4 l Sauce hollandaise
8 Scheiben gut schmelzender Käse
1/2 Bund Petersilie

So wird's gemacht:

1. Die Toastbrotscheiben vortoasten, dünn mit Butter bestreichen und bereitstellen.

2. Das Schweinefilet in Scheiben schneiden und den Speck würfeln oder in Streifen schneiden.

3. Den Speck in einer Pfanne ohne Fett auslassen und mit den Schweinefiletscheiben auf den Toasts anrichten.

4. Die Champignons putzen, in Scheiben schneiden, nach Geschmack im verbliebenen Speckfett kurz braten und auf dem Fleisch verteilen.

5. Die Sauce hollandaise erhitzen und über die Toasts gießen.

6. Jeden Schlemmertoast mit einer Scheibe Käse belegen und im Backofen oder unter dem Grill überbacken, bis der Käse schmilzt.

7. Die Toastscheiben dekorativ anrichten, mit der verlesenen, gewaschenen und fein gehackten Petersilie bestreuen, ausgarnieren und sofort servieren.

Zubereitungszeit: ca. 25–30 Minuten
Pro Portion: 1117 kcal/4680,2 kJ
52,6 g E, 68,2 g F, 58 g KH

Abgeschmolzene Maultaschen

Für 4 Personen:

300 g Mehl
2 Eier
Salz
1–2 EL Wasser
1 Zwiebel
1 EL Butter
250 g Hackfleisch
2 Eier
Semmelbrösel zum Binden
200 g gedünsteter Spinat
Salz
Pfeffer aus der Mühle
1 Prise Muskat
1 EL frische, gehackte Kräuter
Mehl zum Ausrollen
Salzwasser oder Gemüsebrühe zum Garen
2–3 EL Butter oder Margarine
2 Zwiebeln

So wird's gemacht:

1. Aus dem Mehl, den Eiern, dem Salz und dem Wasser einen festen Nudelteig zubereiten und gut durchkneten.

2. Die Zwiebel schälen, fein hacken und in der erhitzten Butter glasig schwitzen. Mit dem Hackfleisch und den Eiern in eine Schüssel geben und vermischen.

3. Nach Bedarf mit Semmelbröseln binden, den gedünsteten, fein gehackten Spinat unterarbeiten und die Masse mit Salz, Pfeffer und Muskat kräftig abschmecken. Zum Schluss die gehackten Kräuter unterheben.

4. Den Nudelteig auf einer bemehlten Arbeitsfläche dünn ausrollen und den Hackfleischteig danach portionsweise darauf verteilen.

5. Die Zwischenräume mit Wasser bestreichen, den restlichen Teig darüber klappen und fest andrücken. Mit einem Teigrädchen Maultaschen ausschneiden.

6. Salzwasser oder Gemüsebrühe in einem Topf erhitzen und die Maultaschen darin etwa 15 Minuten garen. Herausnehmen und gut abtropfen lassen.

7. Die Butter oder Margarine in einer Pfanne erhitzen und die geschälten, in Würfel geschnittenen Zwiebeln darin glasig schwitzen.

8. Die Maultaschen dazugeben und kurz braten, anschließend herausnehmen, dekorativ anrichten, mit den Zwiebelwürfeln überziehen, ausgarnieren und servieren.

Zubereitungszeit: ca. 60 Minuten
Pro Portion: 782,5 kcal/3275,3 kJ
31,8 g E, 36,6 g F, 70,7 g KH

Speckpfannkuchen mit Salat

Für 4 Personen:

150 g Mehl
2 EL Haferflocken
3 Eier
1/4 l Mineralwasser oder Milch
50 g fein geriebener Käse
1 Prise Salz
1 Bund Petersilie
12 dünne Scheiben durchwachsener, geräucherter Speck
4 Portionen gemischter Salat

So wird's gemacht:

1. Das Mehl und die Haferflocken in einer Schüssel vermischen. Die Eier, das Mineralwasser oder die Milch und den geriebenen Käse einrühren.

2. Das Ganze zu einem glatten Teig verarbeiten, mit Salz abschmecken und die verlesene, gewaschene und fein gehackte Petersilie unterziehen.

3. 4 Scheiben Speck in feine Streifen schneiden und in den Teig einrühren.

4. Jeweils 2 Scheiben Speck in eine beschichtete Pfanne legen, portionsweise mit dem Teig überziehen und Pfannkuchen ausbacken.

5. Die Speckpfannkuchen dekorativ anrichten, ausgarnieren und mit einem gemischten Salat servieren.

Zubereitungszeit: ca. 15–20 Minuten
Pro Portion: 637,3 kcal/2669,6 kJ
22,4 g E, 39,1 g F, 41 g KH

Gefüllte Tomaten mit Reis

Für 4 Personen:

400 g gemischtes Hackfleisch
1 altbackenes Brötchen
1 Ei
Salz
Pfeffer aus der Mühle
1 TL Paprikapulver edelsüß
1 EL Butter oder Margarine
1 Zwiebel
2 EL gegarter Langkornreis
8 gleich große, gelbe Tomaten
1–2 EL Butter oder Margarine
1 Zwiebel
3/8–1/2 l gebundene Tomatensauce
1 Schuss Sahne

So wird's gemacht:

1. Das Hackfleisch in eine Schüssel geben und mit dem eingeweichten, gut ausgedrückten Brötchen und dem Ei zu einer glatten Masse verkneten.

2. Die Masse mit Salz, Pfeffer und Paprikapulver kräftig abschmecken.

3. Die Butter oder Margarine in einer Pfanne erhitzen und die geschälte, fein gehackte Zwiebel darin glasig schwitzen.

4. Die Zwiebel mit dem Reis unter die Hackfleischmasse heben.

5. Die Tomaten waschen, einen Deckel abschneiden, das Innere mit einem Teelöffel herauslösen, die Hackfleischmasse einfüllen und den Deckel darauf setzen.

6. Die Butter oder Margarine in einem Topf erhitzen und die geschälte, fein gehackte Zwiebel darin glasig schwitzen.

7. Die Tomaten einsetzen und kurz mitschwitzen, die Tomatensauce angießen und die Tomaten bei mittlerer Hitze 25–30 Minuten garen. Herausnehmen und warm stellen.

8. Die Sauce mit Salz und Pfeffer abschmecken und mit der Sahne verfeinern. Nochmals erhitzen, aber nicht kochen lassen.

9. Die gefüllten Tomaten mit der Sauce anrichten und mit Wildreis servieren.

Zubereitungszeit: ca. 45–50 Minuten
Pro Portion: 646,7 kcal/2706,2 kJ
26,1 g E, 45,5 g F, 24,1 g KH

Innereien und andere Schmankerl

Kalbsleber mit Zwiebeln und Äpfeln

Für 4 Personen:

4 Scheiben Kalbsleber
Mehl zum Wenden
3–4 Zwiebeln
2 kleine Äpfel
einige Tropfen Zitronensaft
3–4 EL Butterschmalz
1/4 l gebundene Bratensauce
1 Becher Crème fraîche
Salz
Pfeffer aus der Mühle
8 gebratene Apfelhälften und Kräuterzweige zum Garnieren

So wird's gemacht:

1. Die Kalbsleberscheiben waschen, häuten und in Mehl wenden.

2. Die Zwiebeln schälen und in Ringe schneiden, die Äpfel schälen, halbieren, entkernen, in feine Würfel schneiden und mit Zitronensaft beträufeln.

3. Etwas Schmalz erhitzen und die Zwiebeln darin bräunen, herausnehmen und bereitstellen. Die Äpfel im verbliebenen Bratfett anbraten, mit der Bratensauce und der Crème fraîche auffüllen, pürieren und aufkochen lassen.

4. Das restliche Schmalz in einer zweiten Pfanne erhitzen und die Kalbsleberscheiben darin von beiden Seiten je 3–4 Minuten braten. Mit der Apfelsauce auffüllen, erhitzen aber nicht kochen lassen, salzen und pfeffern.

5. Die Leber mit Zwiebelringen belegen, mit Kräuterzweigen garnieren und mit Kartoffelpüree und gebratenen Apfelhälften servieren.

Zubereitungszeit: ca. 30 Minuten
Pro Portion: 852,9 kcal/3566,1 kJ
45,8 g E, 45,6 g F, 52,4 g KH

Kalbsnieren mit Senfsauce

Für 4 Personen:

- 2 küchenfertige Kalbsnieren
- 1–2 EL Butterschmalz
- Salz
- Pfeffer aus der Mühle
- 2 EL Butter
- 1 Zwiebel
- 2 EL Rotweinessig
- 1 Glas Rotwein
- 1/4 l gebundene Bratensauce
- 1–1 1/2 Becher Sahne
- 1–2 EL mittelscharfer Senf
- 1–2 Essiggurken
- Kräuterzweige zum Garnieren

So wird's gemacht:

1. Die Nieren längs halbieren, das innere Fett entfernen, die Nieren mindestens 60 Minuten wässern. Danach herausnehmen und in mundgerechte Stücke schneiden. Das Butterschmalz erhitzen, die Nieren darin braten, herausnehmen und mit Salz und Pfeffer würzen.

2. Die Butter ins verbliebene Bratfett geben und erhitzen. Die Zwiebel schälen, fein hacken und in der Butter glasig schwitzen. Mit dem Rotweinessig und dem Rotwein ablöschen, die Bratensauce und die Sahne angießen und kurz einreduzieren lassen.

3. Die Sauce mit Senf verfeinern und mit Salz und Pfeffer würzen. Die Nieren sowie die in dünne Streifen geschnittenen Essiggurken hineingeben. Das Ganze nochmals erhitzen, aber nicht mehr kochen lassen und vorsichtig umrühren.

4. Die Nieren mit der Sauce anrichten, mit Kräuterzweigen ausgarnieren und servieren.

Zubereitungszeit: ca. 80–90 Minuten
Pro Portion: 917,2 kcal/3840,2 kJ
45,9 g E, 66,9 g F, 16,9 g KH

Geflügelleber-Nudel-Auflauf

Für 4 Personen:

500 g Geflügelleber
2 cl Kirschwasser
2 cl Weinbrand
2 cl Portwein
3 Schalotten
250 g Butter
1 Becher Sahne
4–5 Eier
Salz
Pfeffer aus der Mühle
1 Prise Cayennepfeffer
1 TL Thymian
500 g bissfest gegarte Spiralnudeln
Butter für die Form
125 g gewürfelter Mozzarella
1 Bund Petersilie

So wird's gemacht:

1. Die Geflügelleber putzen und in einer Mischung aus Kirschwasser, Weinbrand und Portwein 10 Minuten marinieren.

2. In der Zwischenzeit die Schalotten schälen, in Würfel schneiden und in etwas Butter glasig schwitzen.

3. Vom Herd nehmen und abkühlen lassen. Die restliche Butter zerlaufen lassen.

4. Die Geflügelleber aus der Marinade nehmen und mit den Schalotten im Mixer oder mit dem Pürierstab pürieren, dabei nach und nach die Butter einlaufen lassen. Die Sahne und die Eier dazugeben und durchmixen.

5. Die Masse mit Salz, Pfeffer, Cayennepfeffer und Thymian abschmecken und mit den gegarten Nudeln vermischen. Eine Auflaufform ausfetten und die Leber-Nudel-Mischung einfüllen.

6. Den gewürfelten Mozzarella darüber streuen und das Ganze im auf 200 °C vorgeheizten Backofen 18–20 Minuten backen.

7. Den Auflauf herausnehmen, anrichten, mit der verlesenen, gewaschenen und fein gehackten Petersilie bestreuen und sofort servieren.

Zubereitungszeit: ca. 75 Minuten
Pro Portion: 1229,1 kcal/5146,7 kJ
52,9 g E, 58,2 g F, 100,7 g KH

Rinderzunge mit Bohnengemüse

Für 4 Personen:

300 g weiße Bohnen
1 gekochte Rinderzunge
100 g durchwachsener, geräucherter Speck
1 Zwiebel
1 kleine Dose Tomatenmark
1 EL Mehl
1 Glas Rotwein
1/2 l Zungenfond oder Fleischbrühe
500 g gemischtes Gemüse (Karotten, Lauch, Blumenkohl, Brokkoli, Zwiebel)
Gemüsebrühe zum Garen
Salz
Pfeffer aus der Mühle
4 cl Portwein
Kräuterzweige zum Garnieren

So wird's gemacht:

1. Die Bohnen in eine Schüssel geben, mit Wasser bedecken und über Nacht einweichen lassen. Am nächsten Tag im Einweichwasser weich kochen, abgießen und gut abtropfen lassen. Die Rinderzunge schälen und bereitstellen.

2. Den Speck in feine Würfel schneiden und in einem Bräter auslassen. Die Zwiebel schälen, fein hacken, dazugeben und glasig schwitzen. Das Tomatenmark einrühren, kurz rösten, das Mehl darüber stäuben und das Ganze mit dem Rotwein ablöschen.

3. Den Zungenfond angießen, die Zunge hineingeben und im auf 180–200 °C vorgeheizten Backofen 45 Minuten schmoren.

4. In der Zwischenzeit das Gemüse putzen, in mundgerechte Stücke schneiden und in Gemüsebrühe bissfest garen. Zum Schluss die Bohnen dazugeben und erhitzen.

5. Die fertige Rinderzunge herausnehmen und warm stellen. Den Bratenfond mit Salz und Pfeffer würzen und mit Portwein abrunden.

6. Die Rinderzunge in Scheiben schneiden, mit dem Gemüse anrichten, mit der Sauce überziehen, mit Kräuterzweigen ausgarnieren und servieren.

Zubereitungszeit: ca. 135 Minuten
Pro Portion: 972,2 kcal/4069,2 kJ
50,9 g E, 55,8 g F, 44,5 g KH

Frische Ochsenzunge

Für 4 Personen:

1 Ochsenzunge
1 Bund Suppengemüse
Salzwasser zum Garen
50 g durchwachsener, geräucherter Speck
1 Zwiebel
1 Schuss Weinessig
1/2 Tasse Madeira
1/4 l Rotwein
1/4 l Zungenfond
Salz, Pfeffer aus der Mühle
Speisestärke zum Binden
2–3 EL Butter
1/2 Glas Silberzwiebeln

So wird's gemacht:

1. Die Ochsenzunge mit dem geputzten und klein geschnittenen Suppengemüse in Salzwasser ansetzen und 80–90 Minuten garen, herausnehmen, enthäuten und in Scheiben schneiden.

2. Den Speck würfeln und in einer Pfanne auslassen. Die Zwiebel schälen, fein hacken, zum Speck geben und glasig schwitzen.

3. Mit dem Weinessig und dem Madeira ablöschen, den Rotwein und den Zungenfond angießen und die Sauce anschließend etwas einkochen lassen.

4. Die Sauce mit Salz und Pfeffer würzen, mit etwas angerührter Speisestärke binden, mit der Butter verfeinern und die Zungenscheiben sowie die gut abgetropften Silberzwiebeln hineingeben. Das Ganze nochmals erhitzen, aber nicht kochen lassen.

5. Die Zungenscheiben dekorativ anrichten, mit der Sauce überziehen, ausgarnieren und mit Kartoffelpüree servieren.

Zubereitungszeit: ca. 120–130 Minuten
Pro Portion: 436,4 kcal/1828,7 kJ
14,7 g E, 22,9 g F, 26,1 g KH

Kalbszunge in Kapernsauce

Für 4 Personen:

- 1 Kalbszunge
- leicht gesalzenes Wasser
- 1 Zwiebel, 1 Karotte
- 1 Stück Knollensellerie
- 1 Stange Lauch
- 1 Petersilienwurzel
- einige Pfefferkörner
- 1 Lorbeerblatt
- 1–2 EL Butter oder Margarine
- 1 Zwiebel
- 1 Röhrchen Kapern
- 3/8 l Zungenfond
- Salz
- Pfeffer aus der Mühle
- einige Tropfen Zitronensaft
- Speisestärke zum Binden
- 1 Becher Sahne

So wird's gemacht:

1. Die Zunge waschen und in leicht gesalzenem Wasser mit der gewürfelten Zwiebel und dem geputzten und klein geschnittenen Gemüse sowie den Pfefferkörnern und dem Lorbeerblatt 80–90 Minuten kochen lassen.

2. Anschließend die Zunge herausnehmen, schälen und längs in Scheiben schneiden.

3. Die Butter oder Margarine in einem Topf erhitzen und die geschälte, fein gehackte Zwiebel sowie die gut abgetropften Kapern darin anschwitzen.

4. Mit dem Zungenfond ablöschen, mit Salz, Pfeffer und Zitronensaft würzen und 10 Minuten köcheln lassen.

5. Mit etwas angerührter Speisestärke binden, die Sahne einrühren, die Zungenscheiben einlegen und das Ganze nochmals erhitzen, aber nicht mehr kochen lassen.

6. Die Zungenscheiben dekorativ anrichten, mit der Kapernsauce überziehen, ausgarnieren und mit Erbsen-Karotten-Gemüse und Kartoffelplätzchen servieren.

Zubereitungszeit: ca. 120–130 Minuten
Pro Portion: 696,6 kcal/2850,5 kJ
52,4 g E, 39,2 g F, 19,3 g KH

Gefülltes Kalbsherz

Für 4 Personen:

1 großes Kalbsherz
Salz
40 g durchwachsener, geräucherter Speck
1 Zwiebel
1/2 Bund Petersilie
4 Scheiben Toastbrot
1 Ei
Salz
Pfeffer aus der Mühle
2–3 EL Butterschmalz
1 Zwiebel
1 Bund Suppengemüse
3/8–1/2 l Gemüsebrühe
Mehl oder Speisestärke zum Binden
Sahne zum Verfeinern

So wird's gemacht:

1. Das Kalbsherz von Fett und Sehnen befreien, aufschneiden, die groben Adern entfernen, innere Scheidewand und häutige Klappen herausschneiden, gut waschen und innen und außen leicht salzen.

2. Den Speck in feine Würfel schneiden und in einer Pfanne auslassen. Die Zwiebel schälen und klein schneiden, die Petersilie verlesen, waschen und fein hacken.

3. Beides zum Speck geben und anschwitzen. Die Pfanne vom Herd nehmen und abkühlen lassen.

4. Die Toastbrotscheiben in Würfel schneiden, die Speckmischung und das Ei dazugeben, die Mischung mit Salz und Pfeffer würzen, in das Herz einfüllen und zunähen.

5. Das Butterschmalz in einem Bräter erhitzen und das Herz darin rundherum Farbe nehmen lassen.

6. Die Zwiebel schälen und hacken und das Suppengemüse putzen und klein schneiden. Beides dazugeben, kurz mitbraten, mit der Gemüsebrühe ablöschen und das gefüllte Herz etwa 90 Minuten Stunden schmoren.

7. Das Herz herausnehmen und in Scheiben schneiden. Die Sauce durch ein Sieb streichen und nach Geschmack mit Mehl oder angerührter Speisestärke binden, mit der Sahne verfeinern und nochmals abschmecken.

8. Das Kalbsherz dekorativ anrichten, mit der Sauce überziehen und mit frischem Gemüse servieren.

Zubereitungszeit: ca. 120–130 Minuten
Pro Portion: 789,9 kcal/3311,2 kJ
46,4 g E, 45,7 g F, 37,6 g KH

Ragout vom Kalbskopf

Für 4 Personen:

- 1 kg vorgegarte Kalbsmaske (vom Metzger vorbereiten lassen)
- 100 g durchwachsener, geräucherter Speck
- 1 Zwiebel
- 1–2 Knoblauchzehen, 1 TL Salz
- 2 Karotten, 1 Stück Knollensellerie
- 1 kleine Stange Lauch
- 1 kleine Dose Tomatenmark
- 1 Glas Rotwein
- 1/2 l Fleischbrühe
- 1 Lorbeerblatt
- einige Wacholderbeeren
- Salz, Pfeffer aus der Mühle
- 1 Tasse Madeira oder trockener Rotwein
- 1 Bund Petersilie

So wird's gemacht:

1. Die vorgegarte Kalbsmaske in Würfel schneiden und bereitstellen.

2. Den Speck in feine Streifen schneiden und in einem Topf auslassen.

3. Die Zwiebel schälen und fein hacken, den Knoblauch schälen und mit Salz zu einer Paste zerreiben. Die Zwiebel und die Knoblauchpaste zum Speck geben und anschwitzen.

4. Das Gemüse putzen, klein schneiden, dazugeben und ebenfalls mitschwitzen.

5. Das Tomatenmark einrühren und kurz rösten, mit dem Rotwein ablöschen, die Fleischbrühe angießen, das Lorbeerblatt und die Wacholderbeeren dazugeben und die Kalbskopfwürfel hineingeben.

6. Das Ganze 15 Minuten köcheln lassen, mit Salz und Pfeffer würzen und mit Madeira oder Rotwein verfeinern.

7. Das Ragout dekorativ anrichten, mit der verlesenen, gewaschenen und fein gehackten Petersilie bestreuen, ausgarnieren und mit Schnittlauchkartoffeln servieren.

Zubereitungszeit: ca. 40–50 Minuten
Pro Portion: 747,3 kcal/3124,3 kJ
60,4 g E, 36,1 g F, 15,3 g KH

Gegrilltes Kalbsherz

Für 4 Personen:

1 küchenfertiges Kalbsherz
Butterschmalz zum Braten
Salz
Pfeffer aus der Mühle
2 Zucchini
4 Tomaten
4 Portionen Kräuterbutter
Kräuterzweige zum Garnieren

So wird's gemacht:

1. Das Kalbsherz von Fett und Sehnen befreien, aufschneiden, die groben Adern entfernen, innere Scheidewand und häutige Klappen herausschneiden, gut waschen, in Scheiben schneiden und in einer Grillpfanne mit Butterschmalz bei mäßiger Hitze medium oder durch grillen.

2. Die Herzscheiben aus der Pfanne nehmen, mit Salz und Pfeffer würzen und warm stellen.

3. Die Zucchini und die Tomaten waschen, in Scheiben schneiden und ebenfalls in der Grillpfanne garen.

4. Die Kalbsherzscheiben mit dem Gemüse anrichten, mit Kräuterbutter überziehen, mit Kräuterzweigen ausgarnieren und servieren.

Zubereitungszeit: ca. 20 Minuten
Pro Portion: 948 kcal/3970 kJ
42,4 g E, 75,3 g F, 13,5 g KH

Gebackene Kalbszunge

Für 4 Personen:

1 frische Kalbszunge
2 l Gemüsebrühe
2 Bund Suppengrün
1 Zwiebel
Salz
Pfeffer aus der Mühle
2–3 EL Mehl
2–3 Eier
2 EL Wasser
1 EL Speiseöl
Semmelbrösel zum Panieren
3–4 EL Butterschmalz zum Braten

So wird's gemacht:

1. Die Kalbszunge waschen und bereitstellen.

2. Die Gemüsebrühe mit dem geputzten, klein geschnittenen Suppengrün und der geschälten, geviertelten Zwiebel zum Kochen bringen, die Kalbszunge hineingeben und bei mäßiger Hitze etwa 80–90 Minuten kochen.

3. Die Kalbszunge aus dem Sud nehmen, kurz mit kaltem Wasser abbrausen und häuten. Wieder in den Sud legen und darin erkalten lassen.

4. Die kalte Zunge in Scheiben schneiden, salzen, pfeffern und in Mehl wenden.

5. Das Eier mit dem Wasser und dem Öl verschlagen, salzen, die Zungenscheiben durchziehen und in den Semmelbröseln wenden.

6. Das Butterschmalz in einer Pfanne erhitzen und die Zungenscheiben darin von beiden Seiten goldgelb ausbacken.

7. Die gebackene Kalbszunge dekorativ anrichten, ausgarnieren und mit einem Kartoffel-Gurken-Salat servieren.

Zubereitungszeit: ca. 120–130 Minuten
Pro Portion: 977,3 kcal/4093,5 kJ
57,5 g E, 52,3 g F, 54,9 g KH

Schweinenierchen sauer

Für 4 Personen:

4 Schweinenierchen
100 g durchwachsener, geräucherter Speck
2 Zwiebeln
1–2 EL Mehl
1/4 l Rotwein
1–2 EL Tomatenmark
1/2 l gebundene Bratensauce
Salz
Pfeffer aus der Mühle
Kümmel nach Geschmack
1–2 EL Essig
Kräuterzweige zum Garnieren

So wird's gemacht:

1. Die Schweinenierchen wässern, längs halbieren, das innere Fett sowie die Harnstränge herausschneiden und die Nieren in Streifen schneiden.

2. Den Speck in Würfel schneiden, in einem Topf auslassen, herausnehmen und bereitstellen.

3. Die Zwiebeln schälen, fein hacken und im verbliebenen Bratfett glasig schwitzen.

4. Die Nieren dazugeben und unter Rühren braten, herausnehmen und warm stellen.

5. Den Bratfond mit Mehl bestäuben und kurz rösten.

6. Mit dem Rotwein ablöschen. Das Tomatenmark einrühren und die Bratensauce angießen. Anschließend mit Salz, Pfeffer und Kümmel kräftig würzen.

7. Das Ganze mit Essig abrunden und kräftig durchkochen lassen. Danach die Nieren hineingeben und erhitzen, aber nicht mehr kochen lassen.

8. Die Nieren mit der Sauce anrichten, mit Kräuterzweigen ausgarnieren und mit Serviettenknödelscheiben servieren.

Zubereitungszeit: ca. 40–50 Minuten
Pro Portion: 560,4 kcal/2345,5 kJ
26,7 g E, 32,3 g F, 24,7 g KH

Deftige und feine
Fleischgerichte

Hochrippe

Für 4 Personen:

1,5 kg Hochrippe ohne Knochen
Salzwasser
2 l Fleisch- oder Gemüsebrühe
2 Lorbeerblätter
einige Pfefferkörner
einige Wacholderbeeren
einige Pimentkörner
3/8–1/2 l gebundene helle Sauce
2–3 EL frisch geriebener Meerrettich
1 Schuss Sahne
Salz
Pfeffer aus der Mühle

So wird's gemacht:

1. Die Hochrippe waschen, trockentupfen und in einen Topf mit Salzwasser geben. Kalt aufsetzen und zum Kochen bringen. Nach Bedarf abschäumen, herausnehmen und erneut abwaschen.

2. Die Fleisch- oder Gemüsebrühe in einem Topf erhitzen und das Fleisch sowie die Gewürze hineingeben. Die Hochrippe bei mäßiger Hitze 90–120 Minuten garen.

3. In der Zwischenzeit die gebundene helle Sauce erhitzen und den Merrettich einrühren.

4. Mit etwas Sahne verfeinern und mit Salz und Pfeffer abschmecken.

5. Das fertige Fleisch herausnehmen, in Scheiben schneiden und dekorativ anrichten.

6. Mit der Meerrettichsauce überziehen, ausgarnieren und mit Lauchgemüse und Kartoffelschnee servieren.

Zubereitungszeit: ca. 140 Minuten
Pro Portion: 1086,7 kcal/4543 kJ
71,9 g E, 76,3 g F, 8,6 g KH

Zwiebelrostbraten

Für 4 Personen:

4 gut abgehangene Lendenschnitten à 200 g
Salz
Pfeffer aus der Mühle
Mehl zum Wenden
2–3 EL Butterschmalz
1 Tasse Madeira
1/2 l gebundene Bratensauce
4 Zwiebeln
2 EL Butter

So wird's gemacht:

1. Die Lendenschnitten unter fließendem Wasser waschen, trockentupfen und den Fettrand einschneiden. Die Lendenschnitten salzen und pfeffern.

2. Die Schnitten im Mehl wenden und im Butterschmalz von beiden Seiten je 3 Minuten braten. Herausnehmen und warm stellen.

3. Den Bratensatz mit Madeira ablöschen, mit der Bratensauce auffüllen, das Ganze kurz einreduzieren lassen und mit den Gewürzen kräftig abschmecken.

4. Die Zwiebeln schälen und in Ringe schneiden. Die Butter in einer Pfanne erhitzen und die Zwiebeln darin knusprig braten. Nach Geschmack mit Salz und Pfeffer bestreuen.

5. Die Lendenschnitten dekorativ anrichten, mit der Bratensauce überziehen, mit den gebratenen Zwiebeln belegen, ausgarnieren und mit Bratkartoffeln servieren.

Zubereitungszeit: ca. 45–50 Minuten
Pro Portion: 1043,1 kcal/4366,1 kJ
40,9 g E, 75,5 g F, 30,2 g KH

Roastbeef mit Kräuterkruste

Für 4 Personen:

- 1 kg sehr gut abgehangenes Roastbeef ohne Knochen
- Salz, Pfeffer aus der Mühle
- 3–4 EL Butterschmalz
- 3–4 Scheiben Weißbrot ohne Rinde
- 3–4 EL Olivenöl
- 2–3 EL Senf, 1 Eigelb
- 1 Tasse gemischte, gehackte Kräuter
- 1 Zwiebel
- 2–3 Knoblauchzehen
- 1/2 rote Paprikaschote
- 1/2 gelbe Paprikaschote
- 1 Schuss Madeira
- 3/8–1/2 l Fleischbrühe
- Mehl oder Stärkemehl zum Binden
- 1 Schuss Sahne
- 1 Prise Cayennepfeffer

So wird's gemacht:

1. Das Roastbeef unter fließendem Wasser abwaschen, trockentupfen und mit Salz und Pfeffer einreiben.

2. Das Butterschmalz in einem Bräter erhitzen und das Fleisch darin rundherum Farbe nehmen lassen.

3. Das Weißbrot in sehr feine Würfel schneiden und mit dem Olivenöl, dem Senf, dem Eigelb und den Kräutern zu einer Paste verrühren.

4. Das Roastbeef damit bestreichen und im auf 230–240 °C vorgeheizten Backofen 20–25 Minuten braten. Herausnehmen und warm stellen.

5. Die Zwiebel und die Knoblauchzehen schälen, die Zwiebel fein hacken und mit den halbierten Knoblauchzehen ins verbliebene Bratfett geben.

6. Kurz anschwitzen. Die Paprikaschoten putzen, entkernen, waschen und in mundgerchte Stücke schneiden, dazugeben und kurz mitschwitzen.

7. Mit Madeira ablöschen, die Fleischbrühe angießen und das Ganze 5 Minuten köcheln lassen.

8. Die Sauce mit etwas Mehl oder angerührter Speisestärke binden, mit der Sahne verfeinern und mit Salz, Pfeffer und Cayennepfeffer abschmecken.

9. Das Roastbeef in Scheiben schneiden, dekorativ anrichten, die Sauce dazugeben, ausgarnieren und sofort servieren.

Zubereitungszeit: ca. 40–50 Minuten
Pro Portion: 1167,3 kcal/4880,1 kJ
61,6 g E, 72,5 g F, 45 g KH

Geschmorte Kalbshaxe mit jungem Gemüse

Für 4 Personen:

- 4 küchenfertige Kalbshaxenscheiben
- Salz
- Pfeffer aus der Mühle
- Mehl zum Wenden
- 2–3 EL Butterschmalz
- 1 Zwiebel
- 1–2 Knoblauchzehen
- 1 Karotte
- 1 Stück Knollensellerie
- abgeriebene Schale von 1/2 Zitrone
- 1 kleine Dose Tomatenmark
- 1 Dose geschälte Tomaten
- 1/4 l Weißwein, 1/2 l Gemüsebrühe
- 2 Lorbeerblätter
- einige Pfefferkörner
- einige Wacholderbeeren
- 2–3 Gewürznelken
- Kräuterzweige zum Garnieren

So wird's gemacht:

1. Die Kalbshaxenscheiben unter fließendem Wasser abwaschen, trockentupfen, mit Salz und Pfeffer würzen und im Mehl wenden.

2. Das Butterschmalz in einem Bräter erhitzen und die Kalbshaxenscheiben darin rundherum anbraten.

3. Die Zwiebel, die Knoblauchzehen, die Karotte und den Knollensellerie schälen, in Würfel schneiden, mit der abgeriebenen Zitronenschale zum Fleisch geben und kurz mitbraten.

4. Das Tomatenmark einrühren und rösten, die Tomaten zerdrücken und dazugeben.

5. Den Weißwein einrühren und die Brühe angießen, die Lorbeerblätter, die Pfefferkörner, die Wacholderbeeren und die Gewürznelken hineingeben und den Bräter verschließen.

6. Die Haxenscheiben im auf 180 –200 °C vorgeheizten Backofen 90–120 Minuten schmoren, herausnehmen und warm stellen.

7. Die Sauce durch ein Sieb passieren, abschmecken und nochmals erhitzen, je nach Geschmack leicht binden.

8. Die Kalbshaxenscheiben dekorativ anrichten, mit der Sauce überziehen, mit Kräuterzweigen ausgarnieren und mit jungem Gemüse servieren.

Zubereitungszeit: ca. 150 Minuten
Pro Portion: 660,3 kcal/2767,5 kJ
53,3 g E, 33 g F, 18,2 g KH

Gesottene Kalbsnuss

Für 4 Personen:

1 kg küchenfertige Kalbsnuss
1 1/2 l Kalbsfond oder Wasser
1 Glas Weißwein
1 Bund Suppengemüse (Sellerie, Karotte, Lauch, Zwiebel)
Salz
1 Lorbeerblatt
einige Pfefferkörner
einige Wacholderbeeren
1 Becher Sahne, 2 EL Butter
einige Tropfen Limettensaft
Speisestärke zum Binden

So wird's gemacht:

1. Die Kalbsnuss gründlich waschen und trockentupfen.

2. Den Kalbsfond oder das Wasser mit dem Weißwein, dem geputzten und klein geschnittenen Suppengemüse und den Gewürzen zum Kochen bringen. Die Kalbsnuss zugeben und bei mäßiger Hitze 80–90 Minuten garen. Die Kalbsnuss herausnehmen und warm stellen.

3. Vom Sud 3/8 Liter abmessen, durchseihen, nochmals erhitzen, mit der Sahne und der Butter abschmecken, mit Limettensaft verfeinern und das Ganze mit etwas angerührter Speisestärke binden und gut verrühren.

4. Die Kalbsnuss in fingerbreite Scheiben schneiden, dekorativ anrichten, mit der Sauce überziehen, ausgarnieren und mit feinem Buttergemüse servieren.

Zubereitungszeit: ca. 120–130 Minuten
Pro Portion: 791,8 kcal/3312,2 kJ
59,9 g E, 47,7 g F, 11,9 g KH

Kalbsschnitzel mit Salbei

Für 4 Personen:

8 Kalbsschnitzel à 125 g
Salz
Pfeffer aus der Mühle
8 Scheiben Parmaschinken
8 Salbeiblätter
Mehl zum Wenden
2–3 EL Butter oder Margarine
Saft von 2 Zitronen
1 Glas Weißwein
1/2 l Bratensaft
Kräuterzweige zum Garnieren

So wird's gemacht:

1. Die Kalbsschnitzel unter fließendem Wasser waschen, trockentupfen und mit Salz und Pfeffer würzen.

2. Jedes Schnitzel mit je 1 Scheibe Parmaschinken und je 1 Salbeiblatt belegen und mit Zahnstochern feststecken. Die Schnitzel in Mehl wenden.

3. Die Butter oder Margarine in einer Pfanne erhitzen und die Schnitzel darin braten.

4. Die Schnitzel herausnehmen und warm stellen, den Bratensatz mit dem Zitronensaft und dem Weißwein ablöschen und den Bratensaft angießen.

5. Die Sauce kräftig einreduzieren lassen.

6. Die Kalbsschnitzel dekorativ anrichten, mit Kräuterzweigen ausgarnieren und mit gegrillten Tomaten- und Zucchinischeiben sowie in Bierteig gebackenen Salbeiblättern servieren.

Zubereitungszeit: ca. 20–30 Minuten
Pro Portion: 622,4 kcal/2606 kJ
26,4 g E, 46 g F, 12,9 g KH

Schnitzel im Bierteig

Für 4 Personen:

4 Kalbsschnitzel
Salz
Pfeffer aus der Mühle
100 g Mehl
100 g Speisestärke
2 Eier
ca. 1/8 l dunkles Bier
1 Prise Cayennepfeffer
Butterschmalz zum Ausbacken
Kräuterzweige zum Garnieren

So wird's gemacht:

1. Die Schnitzel klopfen, mit Salz und Pfeffer einreiben und bereitstellen.

2. Das Mehl mit der Speisestärke in eine Schüssel sieben.

3. Die Eier trennen und das Eiweiß zu steifem Schnee schlagen.

4. Das Eigelb und das Bier in das Mehl einrühren und zu einem glatten, nicht zu festen Teig verarbeiten.

5. Das steif geschlagene Eiweiß unterheben und den Teig mit Salz, Pfeffer und Cayennepfeffer abschmecken.

6. Das Butterschmalz in einem Topf erhitzen, die Schnitzel durch den Teig ziehen, ins heiße Fett geben und goldgelb ausbacken.

7. Die Schnitzel im Bierteig dekorativ anrichten, mit Kräuterzweigen ausgarnieren und mit Kartoffelsalat servieren.

Zubereitungszeit: ca. 30–40 Minuten
Pro Portion: 623 kcal/2611,5 kJ
47,5 g E, 24,1 g F, 41,4 g KH

Kalbsfrikassee

Für 4 Personen:

750 g Kalbfleisch (Brust, Schulter, Bug oder Hals)
Salz
weißer Pfeffer aus der Mühle
2–3 EL Butterschmalz
1 Zwiebel, 1 Karotte
1 Stück Knollensellerie
3/4 l Fleischbrühe
2 Zitronenscheiben
einige Sellerie- oder Liebstöckelblätter
40 g Butter oder Margarine
40 g Mehl
einige Tropfen Zitronensaft
1 Prise Zucker
1 Eigelb
1 Becher Sahne
500 g gemischtes, gegartes Gemüse (Champignons, Karotten, Brokkoli, Mais)
1–2 EL Kapern

So wird's gemacht:

1. Das Kalbfleisch waschen, trockentupfen und mit Salz und Pfeffer würzen.

2. Das Butterschmalz in einem Topf erhitzen und das Kalbfleisch darin rundherum Farbe nehmen lassen.

3. Die Zwiebel, die Karotte und den Knollensellerie schälen, fein würfeln, zum Fleisch geben und kurz mitbraten.

4. Die Fleischbrühe angießen, die Zitronenscheiben und die Sellerie- oder Liebstöckelblätter dazugeben und das Ganze zugedeckt etwa 60 Minuten dünsten.

5. Das Fleisch herausnehmen und bereitstellen, den Sud durchseihen und 3/4 l abmessen (bei Bedarf mit Wasser auffüllen).

6. Die Butter oder Margarine in einem Topf erhitzen und das Mehl darin anschwitzen. Mit dem Sud ablöschen und das Ganze 10 Minuten kochen lassen.

7. Die Sauce mit Zitronensaft, Salz, Pfeffer und Zucker abschmecken und mit dem Eigelb und der Sahne legieren.

8. Das Kalbfleisch in Würfel schneiden, mit dem Gemüse und den Kapern in die Sauce geben und erhitzen.

9. Das Kalbsfrikassee dekorativ anrichten, ausgarnieren und mit Reis servieren.

Zubereitungszeit: ca. 80–90 Minuten
Pro Portion: 937 kcal/3918,1 kJ
51,6 g E, 61,5 g F, 30,2 g KH

Wiener Schnitzel

Für 4 Personen:

4 Kalbsschnitzel
Salz
Pfeffer aus der Mühle
Mehl zum Wenden
2 Eier
1–2 TL Speiseöl
1 EL Milch
Semmelbrösel zum Panieren
Butterschmalz zum Ausbacken
Zitronenscheiben zum Garnieren

So wird's gemacht:

1. Die Kalbsschnitzel unter fließendem Wasser abwaschen, trockentupfen, mit Salz und Pfeffer würzen und anschließend im Mehl wenden.

2. Die Eier in einen tiefen Teller geben und mit dem Öl und der Milch verschlagen.

3. Die Schnitzel durch die Eier ziehen und im Anschluss daran mit den Semmelbröseln panieren.

4. Reichlich Butterschmalz in einer Pfanne erhitzen und die Schnitzel darin goldgelb ausbacken.

5. Die Wiener Schnitzel herausnehmen, dekorativ anrichten, mit Zitronenscheiben ausgarnieren und sofort servieren.

Zubereitungszeit: ca. 20–30 Minuten
Pro Portion: 893 kcal/3740,8 kJ
41,7 g E, 63,6 g F, 26,5 g KH

Gebackenes Spanferkel mit Bayerisch Kraut

Für 4 Personen:

Für das Bayerisch Kraut:

- 1 Kopf Weißkraut (Weißkohl)
- 2–3 EL Schweineschmalz
- 2 Zwiebeln
- 2 säuerliche Äpfel
- Salz, Pfeffer aus der Mühle
- 1 Prise Zucker
- 1/2 l Fleisch- oder Gemüsebrühe
- 2 EL Essig
- 1 TL Kümmel
- Mehl oder Speisestärke zum Binden

Außerdem:

- 12 küchenfertige Spanferkelkoteletts
- Mehl zum Wenden, 2 Eier
- 2 EL Speiseöl
- 2 Tassen Semmelbrösel
- 2–3 EL Butterschmalz
- Kräuterzweige zum Garnieren

So wird's gemacht:

1. Das Weißkraut putzen, achteln, den Strunk herausschneiden und das Weißkraut fein hobeln.

2. Das Schweinefett in einem Topf erhitzen und die geschälten und fein gehackten Zwiebeln darin glasig schwitzen. Das Weißkraut und die geschälten, entkernten und grob geraspelten Äpfel dazugeben und kurz mitschwitzen.

3. Das Ganze mit Salz, Pfeffer und Zucker würzen, die Fleisch- oder Gemüsebrühe angießen und das Kraut unter gelegentlichem Umrühren etwa 40–45 Minuten dünsten.

4. Mit Essig abschmecken, den gehackten Kümmel einrühren, mit etwas angerührtem Mehl oder Speisestärke binden und 5 Minuten kochen lassen.

5. Die Spanferkelkoteletts unter fließendem Wasser abwaschen, trockentupfen, nach Bedarf leicht klopfen, mit Salz und Pfeffer einreiben und im Mehl wenden.

6. Die Eier mit dem Speiseöl verschlagen, die Koteletts durchziehen und anschließend mit den Semmelbröseln panieren.

7. Das Butterschmalz in einer Pfanne erhitzen und die Spanferkelkoteletts darin von beiden Seiten goldbraun braten.

8. Die Spanferkelkoteletts mit dem Kraut dekorativ anrichten, mit Kräuterzweigen ausgarnieren und servieren.

Zubereitungszeit: ca. 60–70 Minuten
Pro Portion: 1035,1 kcal/4331,1 kJ
66,1 g E, 54 g F, 53,5 g KH

Gebratene Schweineschulter

Für 4 Personen:

1 kg küchenfertige Schweineschulter
…it Schwarte
…
…Mühle
…üsebrühe
…arotten
…ollensellerie
…rsilienwurzel
…iebeln
…auchzehen
…Rotwein
…chbrühe
… zum Binden
1 Becher Sahne oder 1 Glas Bier
Kräuterzweige zum Garnieren

So wird's gemacht:

1. Die Schweineschulter unter fließendem Wasser abwaschen und trockentupfen.

2. Die Schwarte kreuzweise einschneiden und das Fleisch mit Salz und Pfeffer einreiben. In einen Bräter legen, die Gemüsebrühe angießen und in den auf 200 °C vorgeheizten Backofen schieben.

3. Die Karotten, den Knollensellerie und die Petersilienwurzel sowie die Zwiebeln und die Knoblauchzehen schälen und in Würfel oder Streifen schneiden.

4. Sobald die Gemüsebrühe verdampft ist, das Gemüse zum Fleisch geben und anbraten.

5. Mit dem Rotwein ablöschen, die Fleischbrühe angießen und das Ganze 80–90 Minuten garen. Das fertige Fleisch herausnehmen und in Scheiben schneiden.

6. Die Sauce durch ein Sieb passieren, nochmals erhitzen, danach mit etwas angerührter Speisestärke binden, mit Salz und Pfeffer würzen und im Anschluss daran nach Geschmack mit Sahne oder Bier verfeinern.

7. Die Fleischscheiben in die Sauce legen und erhitzen, anschließend dekorativ anrichten, mit Kräuterzweigen ausgarnieren und mit gebratenen Semmelknödelscheiben servieren.

Zubereitungszeit: ca. 120–130 Minuten
Pro Portion: 815,9 kcal/3416,9 kJ
56,9 g E, 42,6 g F, 27,3 g KH

Feines Kalbsrahmgeschnetzeltes

Für 4 Personen:

600 g Kalbsfilet
Salz
Pfeffer aus der Mühle
1–2 EL Butterschmalz
2–3 Zwiebeln
1 Glas Weißwein
2 Becher Sahne
Speisestärke zum Binden
1 Prise Cayennepfeffer
1 Prise Zucker
1 Tasse gemischte, gehackte Kräuter

So wird's gemacht:

1. Das Kalbsfilet unter fließendem Wasser waschen, trockentupfen und in dünne Scheiben schneiden.

2. Mit Salz und Pfeffer würzen und im erhitzten Butterschmalz unter ständigem Rühren braten.

3. Das Fleisch herausnehmen und warm stellen.

4. Die Zwiebeln schälen, fein hacken, ins verbliebene Bratfett geben und glasig schwitzen.

5. Mit Weißwein ablöschen, die Sahne angießen, erhitzen, nach Geschmack mit etwas angerührter Speisestärke binden und mit Salz, Pfeffer, Cayennepfeffer und Zucker kräftig abschmecken.

6. Das Fleisch dazugeben und nochmals erhitzen, aber nicht kochen lassen.

7. Das Kalbsgeschnetzelte dekorativ anrichten, mit den verlesenen, gewaschenen und fein gehackten Kräutern bestreuen, ausgarnieren und dann mit Rösti und gebratenen Speckstreifen servieren.

Zubereitungszeit: ca. 20–25 Minuten
Pro Portion: 779,7 kcal/3263,1 kJ
34,6 g E, 55,6 g F, 18,4 g KH

Kalbsnierenbraten

Für 4 Personen:

1,5 kg Kalbsnierenstück ohne Knochen (vom Metzger vorbereitet, Kalbsknochen extra mitgeben lassen)
2 küchenfertige Kalbsnieren
Salz
Pfeffer aus der Mühle
1 Bund Suppengrün
2 Zwiebeln
4 Tomaten
1 Lorbeerblatt
2 Gewürznelken
2–3 EL Butterschmalz
1/2 l Weißwein
1/4 l Gemüsebrühe
Speisestärke zum Binden

So wird's gemacht:

1. Das Fleisch waschen, trockentupfen und mit der Hautseite nach unten auf eine Arbeitsfläche legen. Das Fleisch mit Salz und Pfeffer würzen und die halbierten Nieren der Länge nach auf das Fleisch legen.

2. Das Fleisch von der dicken Seite her aufrollen, mit Küchenschnur zusammenbinden und außen mit Salz und Pfeffer einreiben.

3. Die Knochen hacken und in einen Bräter legen. Das Suppengrün putzen, die Zwiebeln schälen und die Tomaten enthäuten.

4. Das Gemüse klein schneiden, mit dem Lorbeerblatt und den Gewürznelken zu den Knochen geben und den Kalbsnierenbraten darauf legen. Das Butterschmalz in einem Topf zerlassen und über den Braten träufeln.

5. Den Bräter verschließen und den Kalbsnierenbraten im auf 180–200 °C vorgeheizten Backofen 80–90 Minuten braten. Den Braten während der Garzeit mit Weißwein ablöschen, herausnehmen und warm stellen.

6. Den Bratensatz mit dem restlichen Wein und der Brühe loskochen, pürieren, die Sauce mit etwas angerührter Speisestärke binden und gut durchkochen lassen. Mit Salz und Pfeffer abschmecken.

7. Den Kalbsnierenbraten in Scheiben schneiden, mit der Sauce auf Tellern anrichten, garnieren und mit Bratkartoffeln servieren.

Zubereitungszeit: ca. 120–130 Minuten
Pro Portion: 740,1 kcal/3098,9 kJ
35,6 g E, 41,2 g F, 29,4 g KH

Jägerschnitzel

Für 4 Personen:

4 Kalbsschnitzel
Salz, Pfeffer aus der Mühle
Mehl zum Wenden
Butterschmalz zum Braten
1 Zwiebel, 1 Karotte
1 Stück Knollensellerie
200 g frische Pilze
1 EL Speisestärke
1/4 l Weißwein
1/4 l gebundene Bratensauce
1 Prise Muskat, 1 Prise Zucker
1 Becher Sahne
1 Bund Petersilie

So wird's gemacht:

1. Die Kalbsschnitzel unter fließendem Wasser abwaschen, trockentupfen, leicht klopfen, mit Salz und Pfeffer einreiben und in Mehl wenden.

2. Das Butterschmalz in einer Pfanne erhitzen und die Schnitzel darin goldbraun braten, herausnehmen und warm stellen.

3. Die Zwiebel, die Karotte und den Sellerie schälen und in feine Würfel schneiden, die Pilze putzen und in Scheiben schneiden.

4. Das Gemüse ins verbliebene Bratfett geben und kurz anbraten.

5. Die Speisestärke mit dem Weißwein glatt rühren, mit der Bratensauce zum Gemüse geben und einmal aufkochen lassen.

6. Die Sauce mit Salz, Pfeffer, Muskat und Zucker kräftig abschmecken, mit der Sahne verfeinern und die verlesene, gewaschene und fein gehackte Petersilie unterziehen.

7. Die fertigen Schnitzel dekorativ anrichten, mit der Gemüsesauce überziehen, ausgarnieren und servieren.

Zubereitungszeit: ca. 20–25 Minuten
Pro Portion: 1032,5 kcal/4324,6 kJ
40,4 g E, 75,2 g F, 27,8 g KH

Schälrippchen mit scharfer Sauce

Für 4 Personen:

1 kg Schälrippchen
1 l Gemüsebrühe
Salz, Pfeffer aus der Mühle
1–2 EL Speiseöl
1 Glas Bier
3–4 EL scharfer Senf
3–4 EL Honig
1 kleine Peperoni
1 Tasse eingelegte Silberzwiebeln
1 Tasse Tomatenketschup
1 Prise Chilipulver
1 Prise Curry

So wird's gemacht:

1. Die Schälrippchen unter fließendem Wasser abwaschen und in der erhitzten Gemüsebrühe 40 Minuten kochen.

2. Herausnehmen, mit Salz und Pfeffer einreiben, mit Öl bestreichen und im auf 200 °C vorgeheizten Backofen 20 Minuten braten.

3. Das Bier mit dem Senf, dem Honig, der entkernten und klein geschnittenen Peperoni, den gut abgetropften Silberzwiebeln im Mixer pürieren und in eine Schüssel geben.

4. Den Tomatenketschup unter die Marinade rühren und mit Salz, Pfeffer, Chilipulver und Curry kräftig würzen. Die Rippchen 10 Minuten vor Garende damit bestreichen.

5. Die Schälrippchen dekorativ anrichten, ausgarnieren und mit der restlichen Sauce servieren.

Zubereitungszeit: ca. 70–80 Minuten
Pro Portion: 918,9 kcal/3849,6 kJ
59,1 g E, 58,9 g F, 21,8 g KH

Spargel-Salbei-Rouladen in Senfsauce

Für 4 Personen:

8 dünne, küchenfertige Kalbsschnitzel
Salz
Pfeffer aus der Mühle
300 g Kalbsbrät
1 Schuss Sahne
1 Prise Muskat
1 Bund Salbei
1 Glas Stangenspargel
8 dünne Scheiben durchwachsener, geräucherter Speck

Außerdem:

2–3 EL Butterschmalz
2–3 Schalotten
1/4 l Weißwein
3/8 l Kalbsfond
2–3 EL grober, scharfer Senf
Speisestärke zum Binden
4 cl Madeira
1 Becher Sahne

So wird's gemacht:

1. Die Kalbsschnitzel waschen, trockentupfen, mit Salz und Pfeffer kräftig würzen und auf eine Arbeitsfläche legen.

2. Das Kalbsbrät in eine Schüssel geben, die Sahne angießen, mit dem Brät vermischen. Mit Salz, Pfeffer und Muskat würzen und gleichmäßig auf die Rouladen streichen.

3. Die Salbeiblätter abpflücken, waschen, gut abtropfen lassen und auf das Brät legen. Den Stangenspargel gut abtropfen lassen, je nach Bedarf klein schneiden und auf die Rouladen legen.

4. Die Rouladen zusammenrollen, mit je einer Scheibe Speck umwickeln und mit Zahnstochern feststecken. Das Butterschmalz in einem Bräter erhitzen, die Rouladen darin rundherum anbraten und Farbe nehmen lassen. Die geschälten, fein gehackten Schalotten dazugeben und kurz mitbraten.

5. Mit Weißwein ablöschen, den Kalbsfond angießen, den scharfen Senf einrühren und das Ganze im auf 180–200 °C vorgeheizten Backofen zugedeckt 30–35 Minuten schmoren lassen. Die Rouladen herausnehmen und warm stellen. Die Sauce mit etwas angerührter Speisestärke binden.

6. Eine Tasse der Sauce abnehmen und diese mit Madeira verfeinern. Die Sahne in die restliche Sauce einrühren, nochmals aufkochen lassen, mit Salz und Pfeffer abrunden und auf heißen Tellern verteilen.

7. Die Spargel-Salbei-Rouladen dekorativ einsetzen, mit der Madeirasauce überziehen, mit Salbeiblättern ausgarnieren und mit Spargelgemüse und Tomaten-Rigatoni servieren.

Zubereitungszeit: ca. 60–70 Minuten
Pro Portion: 1404,5 kcal/5883,5 kJ
58,3 g E, 106,8 g F, 22,2 g KH

Eisbein mit Kraut

Für 4 Personen:

4 Eisbeine
3 l leicht gesalzenes Wasser
2 Zwiebeln
1–2 Lorbeerblätter
einige Pfefferkörner
800 g Sauerkraut
2–3 EL Schweineschmalz
1 Zwiebel
einige Wacholderbeeren
1 Lorbeerblatt
3/8–1/2 l Gemüsebrühe
Salz
Pfeffer aus der Mühle
1 Prise Zucker

So wird's gemacht:

1. Die Eisbeine kalt abwaschen und in das kochende, leicht gesalzene Wasser einlegen.

2. Die Zwiebeln schälen, vierteln und mit den Gewürzen ins Wasser legen.

3. Die Eisbeine 90–100 Minuten bei mäßiger Hitze köcheln lassen.

4. Das Sauerkraut nach Bedarf wässern und zerpflücken oder klein schneiden.

5. Das Schweineschmalz in einem Topf erhitzen, die geschälte und fein gehackte Zwiebel darin glasig schwitzen, das Sauerkraut dazugeben und die Gewürze einlegen.

6. Die Gemüsebrühe angießen und das Sauerkraut 30–40 Minuten leicht köcheln lassen.

7. Mit Salz, Pfeffer und Zucker abschmecken, dekorativ anrichten, die Eisbeine auf das Kraut legen, ausgarnieren und mit Petersilienkartoffeln servieren.

Zubereitungszeit: ca. 120–130 Minuten
Pro Portion: 696,5 kcal/2914,1 kJ
52,1 g E, 41,4 g F, 15,5 g KH

Schweinefiletwürfel mit Paprikasauce

Für 4 Personen:

- 600 g Schweinefilet
- 1–2 EL Butterschmalz
- 1 Zwiebel, 1 Knoblauchzehe
- 1 rote Paprikaschote
- 1 gelbe Paprikaschote
- 1 grüne Paprikaschote
- 1–2 EL Tomatenmark
- 1/2 l gebundene Bratensauce
- Salz, Pfeffer aus der Mühle
- 1 TL Paprikapulver edelsüß
- 1 Becher Sahne

So wird's gemacht:

1. Das Schweinefilet unter fließendem Wasser abwaschen, trockentupfen und in mundgerechte Würfel schneiden.

2. Das Butterschmalz in einem Topf erhitzen und das Fleisch darin rundherum Farbe nehmen lassen.

3. Die Zwiebeln schälen und fein hacken. Den Knoblauch schälen und mit Salz zu einer Paste zerreiben. Beides zum Fleisch geben und kurz mitbraten.

4. Die Paprikaschoten putzen, halbieren, entkernen, waschen, gut abtropfen lassen und in Würfel schneiden. Zum Fleisch geben und kurz mitschwitzen.

5. Das Tomatenmark einrühren und rösten, mit der Bratensauce auffüllen und das Ganze mit Salz, Pfeffer und Paprikapulver würzen.

6. Die Fleischwürfel und das Gemüse etwa 30 Minuten garen, die Sauce mit der Sahne verfeinern und erneut abschmecken. Die Schweinefiletwürfel mit der Paprikasauce anrichten, ausgarnieren und servieren.

Zubereitungszeit: ca. 50–60 Minuten
Pro Portion: 646,7 kcal/2703,2 kJ
35,5 g E, 44 g F, 18,2 g KH

Gefüllter Schweinebauch

Für 4 Personen:

1 kg Schweinebauch ohne Schwarte und Knochen
Salz
Pfeffer aus der Mühle
1 EL Majoran
1 TL Thymian
abgeriebene Schale von 1/2 Zitrone
200 g blanchierter Blattspinat
3 Knoblauchzehen
1 TL Salz
1 Tasse gemischte, gehackte Kräuter
1–2 TL Speiseöl
1 Prise Muskat
1–2 EL Butterschmalz
2 Zwiebeln
2 Knoblauchzehen
1 Glas Bier
3/8–1/2 l Fleischbrühe
1 Prise Cayennepfeffer

So wird's gemacht:

1. Den Schweinebauch unter fließendem Wasser abwaschen, trockentupfen und rundherum mit Salz und Pfeffer einreiben.

2. Das Fleisch mit einem scharfen Messer der Länge nach so durchschneiden, dass es an einer Seite noch zusammenhängt.

3. Majoran und Thymian, die abgeriebene Zitronenschale, den klein geschnittenen Spinat, die geschälten und mit dem Salz zerriebenen Knoblauchzehen und Kräuter in einer Schüssel vermischen.

4. Das Öl unterrühren, das Ganze mit Salz, Pfeffer und Muskat würzen und auf den Schweinebauch streichen. Den Schweinebauch aufrollen und mit Küchenschnur binden.

5. Das Butterschmalz erhitzen und den Rollbraten darin rundherum Farbe nehmen lassen.

6. Die Zwiebeln und die Knoblauchzehen schälen, klein schneiden, zum Fleisch geben und kurz mitbraten.

7. Mit dem Bier ablöschen, die Fleischbrühe angießen und den Braten im auf 180–200 °C vorgeheizten Backofen 80–90 Minuten garen.

8. Den fertigen Braten herausnehmen und warm stellen, die Sauce mit Salz, Pfeffer und Cayennepfeffer abschmecken und nach Geschmack durch ein Sieb streichen.

9. Den gefüllten Schweinebauch in Scheiben schneiden, mit der Sauce anrichten, ausgarnieren und mit Hörnchennudeln servieren.

Zubereitungszeit: ca. 120–130 Minuten
Pro Portion: 794,9 kcal/3328,3 kJ
56,2 g E, 51 g F, 10,7 g KH

Gegrillter Schweinebauch

Für 4 Personen:

1,2 kg Schweinebauch mit Schwarte ohne Knochen
Salz
Pfeffer aus der Mühle
1 Tasse Olivenöl
1 Glas Bier
2–3 EL Honig

So wird's gemacht:

1. Den Schweinebauch gründlich unter fließendem Wasser waschen und trockentupfen.

2. Die Schwarte mit einem scharfen Messer kreuzweise einschneiden und den Schweinebauch anschließend mit Salz und Pfeffer einreiben.

3. Den Schweinebauch mit Olivenöl bestreichen und auf dem Grill bei nicht zu großer Hitze 50–60 Minuten garen. Während der Garzeit öfter mit Olivenöl bestreichen.

4. Das Bier mit dem Honig verrühren und den Schweinebauch 5 Minuten vor Garende damit glasieren.

5. Den fertigen Schweinebauch erneut mit der Bier-Honig-Mischung bestreichen, in Scheiben schneiden, dekorativ anrichten, ausgarnieren und mit Kümmelsauce, Blaukraut und Kartoffelknödeln servieren.

Zubereitungszeit: ca. 70 Minuten
Pro Portion: 942,4 kcal/3948,4 kJ
57,5 g E, 66,9 g F, 11,4 g KH

Gebratene Schweinshaxe

Für 4 Personen:

4 Schweinshaxen
Salz
Pfeffer aus der Mühle
1 Prise gemahlener Kümmel
2–3 EL Butterschmalz
2 Zwiebeln
2–3 Knoblauchzehen
1 Bund Suppengemüse
1/2 l Fleischbrühe
1 Glas Bier

So wird's gemacht:

1. Die Schweinshaxen unter fließendem Wasser waschen, trockentupfen, die Schwarte mit einem scharfen Messer einschneiden und die Haxen mit Salz, Pfeffer und gemahlenem Kümmel einreiben.

2. Das Butterschmalz in einem Bräter erhitzen und die Schweinshaxen darin rundherum anbraten.

3. Die Zwiebeln und die Knoblauchzehen schälen, klein schneiden, zum Fleisch geben und mitbraten.

4. Das Suppengemüse putzen, in Stücke oder Streifen schneiden, dazugeben und ebenfalls kurz mitbraten.

5. Die Fleischbrühe angießen, den Bräter verschließen und die Schweinshaxen im auf 200–220 °C vorgeheizten Ofen 90–100 Minuten garen.

6. Um die Schwarte auch schön knusprig zu bekommen, die Schweinshaxen kurz vor Garende immer wieder mit Bier bepinseln.

7. Die fertigen Schweinshaxen herausnehmen, dekorativ anrichten, ausgarnieren und mit Kartoffelknödeln mit einer Semmelbröselhaube servieren.

Zubereitungszeit: ca. 120–130 Minuten
Pro Portion: 695,8 kcal/2914,9 kJ
47 g E, 42,9 g F, 16,6 g KH

Köstlicher Fisch

Wallerwürfel mit Kohlgemüse

Für 4 Personen:

- 1–2 EL Olivenöl
- 4 Knoblauchzehen
- 1 Zwiebel, 600 g Chinakohl
- 1 Schuss Weißwein
- 2 Tomaten
- Salz, Pfeffer aus der Mühle
- 1 Prise Cayennepfeffer
- 1 Becher Sahne
- 600 g Wallerfilet
- Saft von 1 Zitrone
- einige Tropfen Weißwein
- 2 EL Honig
- 1/2 Tasse Mehl
- Butter zum Braten
- Basilikumblättchen und Zitronenhälften zum Garnieren

So wird's gemacht:

1. Das Olivenöl erhitzen und die geschälten, fein gehackten Knoblauchzehen darin glasig schwitzen. Die Zwiebel schälen, fein hacken, ins Knoblauchfett geben und mitschwitzen.

2. Den Chinakohl putzen, in Würfel schneiden und dazugeben. Mit Weißwein ablöschen und das Ganze 2–3 Minuten dünsten.

3. Die Tomaten enthäuten, entkernen, in Würfel schneiden und unterheben. Das Gemüse mit Salz, Pfeffer und Cayennepfeffer abschmecken und mit der Sahne verfeinern. Die Wallerfilets waschen, trockentupfen, würfeln, mit Zitronensaft und Weißwein beträufeln und 10 Minuten marinieren.

4. Den Honig mit etwas Weißwein glatt rühren und die Wallerwürfel damit bestreichen. Mit Salz und Pfeffer würzen.

5. Anschließend die Fischstücke im Mehl wenden, Butter erhitzen und die Fischstücke darin rundherum braten.

6. Das Chinakohlgemüse mit den Wallerwürfeln anrichten, mit Basilikumblättchen und zackig geschnittenen Zitronenhälften ausgarnieren und sofort servieren.

Zubereitungszeit: ca. 30–40 Minuten
Pro Portion: 571,5kcal/2388,1 kJ
58,4 g E, 20,0 g F, 20,5 g KH

Rotweinkarpfen im Gemüsesud

Für 4 Personen:

4 küchenfertige Karpfenfilets à 250 g
einige Tropfen Zitronensaft
einige Tropfen Obstessig
Salz
Pfeffer aus der Mühle
2–3 EL Butterschmalz
3 Zwiebeln
200 g Karotten
200 g Sellerie
1 rote Paprikaschote
1 grüne Paprikaschote
1 Stange Lauch
2 säuerliche Äpfel
1 Bund Petersilie
1/4 l trockener Rotwein
1/4 l Gemüse- oder Fischbrühe
4 Tomaten

So wird's gemacht:

1. Die küchenfertigen Karpfenfilets unter fließendem Wasser waschen, trockentupfen, mit Zitronensaft und Obstessig beträufeln, mit Salz und Pfeffer würzen und im Kühlschrank 10–15 Minuten ziehen lassen.

2. Das Butterschmalz in einer feuerfesten Form erhitzen und die geschälten, gewürfelten Zwiebeln darin glasig schwitzen. Die Karotten und den Sellerie putzen, in Würfel schneiden, zu den Zwiebeln geben und kurz mitschwitzen.

3. Die Paprikaschoten halbieren, entkernen, waschen, in mundgerechte Würfel schneiden, ebenfalls dazugeben und mitschwitzen.

4. Den Lauch putzen, die Äpfel schälen und entkernen. Beides in Stücke schneiden, zum Gemüse geben und erhitzen.

5. Die Petersilie verlesen, waschen, fein hacken und zum Gemüse geben. Mit Rotwein ablöschen und mit der Gemüse- oder Fischbrühe auffüllen.

6. Das Ganze mit Salz, Pfeffer, Zitronensaft und Obstessig würzen.

7. Die Karpfenfilets dazugeben und in dem auf 180–200 °C vorgeheizten Backofen 20–30 Minuten gar schmoren lassen.

8. Kurz vor Garende die klein geschnittenen Tomaten unterheben, nochmals kräftig abschmecken, dekorativ anrichten, ausgarnieren und sofort servieren.

Zubereitungszeit: ca. 75 Minuten
Pro Portion: 700,2 kcal/2930,8 kJ
37,2 g E, 39,9 g F, 38,0 g KH

Fischragout

Für 4 Personen:

750 g Fischfilet
einige Tropfen Zitronensaft
einige Tropfen Worcestersauce
Salz
Pfeffer aus der Mühle
1 Zwiebel
2–3 Karotten
2 Stangen Bleichsellerie
1–2 EL Butter oder Margarine
2 EL Tomatenmark
1 Schuss Weißwein
3/4 l Fischbrühe
1 Prise Curry
Speisestärke zum Binden
2 EL gemischte, gehackte Kräuter

So wird's gemacht:

1. Das Fischfilet unter fließendem Wasser abwaschen, trockentupfen und in mundgerechte Würfel schneiden.

2. In eine Schüssel geben, mit Zitronensaft und Worcestersauce beträufeln, mit Salz und Pfeffer würzen und im Kühlschrank 10–15 Minuten ziehen lassen.

3. Die Zwiebel schälen und fein hacken, die Karotten und den Bleichsellerie putzen und in Scheiben schneiden.

4. Die Butter oder Margarine in einem Topf erhitzen und die Zwiebel darin glasig schwitzen. Die Karotten und den Bleichsellerie dazugeben und kurz mitschwitzen.

5. Das Tomatenmark einrühren, kurz rösten und mit dem Weißwein ablöschen.

6. Die Fischbrühe angießen, das Ganze mit Salz, Pfeffer und Curry abschmecken, die Fischwürfel einlegen und 10–15 Minuten garen. Die Sauce nach Geschmack mit etwas angerührter Speisestärke binden und nochmals abschmecken.

7. Das Fischragout dekorativ anrichten, mit den gehackten Kräutern bestreuen, ausgarnieren und servieren.

Zubereitungszeit: ca. 35 Minuten
Pro Portion: 489,1 kcal/2044,8 kJ
18,9 g E, 22,6 g F, 37,8 g KH

Gebratener Aal mit Speck und Zwiebeln

Für 4 Personen:

800 g küchenfertiger Aal
einige Tropfen Zitronensaft
einige Tropfen Worcestersauce
einige Tropfen Weißwein
Salz
Pfeffer aus der Mühle
100 g durchwachsener, geräucherter Speck
2 Zwiebeln
1 rote Paprikaschote
1 Schuss Weißwein
1–2 EL Butter

So wird's gemacht:

1. Den küchenfertigen Aal in 5–6 cm lange Stücke schneiden, mit Zitronensaft, Worcestersauce und Weißwein beträufeln, mit Salz und Pfeffer würzen und im Kühlschrank 10–15 Minuten ziehen lassen.

2. In der Zwischenzeit den Speck in feine Streifen oder Würfel schneiden und in einer Pfanne auslassen. Anschließend die Zwiebeln schälen, hacken, zum Speck geben und kurz anbraten.

3. Die Paprikaschote halbieren, entkernen, waschen, gut abtropfen lassen und in Streifen schneiden.

4. Zur Speck-Zwiebel-Mischung geben und mitbraten, die Mischung herausnehmen und bereitstellen. Mit dem Weißwein ablöschen und zugedeckt 5 Minuten ziehen lassen.

5. Die Butter in einer weiteren Pfanne erhitzen und die Aalstücke darin braten.

6. Die Speckmischung anrichten, die gebratenen Aalstücke darauf legen, ausgarnieren und mit Petersilienkartoffeln servieren.

Zubereitungszeit: ca. 30 Minuten
Pro Portion: 865,9 kcal/3626 kJ
35,9 g E, 67,7 g F, 8,1 g KH

Aal in grüner Sauce

Für 4 Personen:

800 g küchenfertiger Aal
einige Tropfen Zitronensaft
einige Tropfen Weißwein
Salz
Pfeffer aus der Mühle
1 EL Butter oder Margarine
1 Zwiebel
1/2 l Fleisch- oder Fischbrühe
1 EL Butter
1 EL Mehl
1 Tasse gemischte, gehackte Kräuter
einige Tropfen Worcestersauce
1 Becher Sahne

So wird's gemacht:

1. Den küchenfertigen Aal in 5 cm lange Stücke schneiden, mit Zitronensaft und Weißwein beträufeln, mit Salz und Pfeffer würzen und im Kühlschrank 10–15 Minuten ziehen lassen.

2. Die Butter oder Margarine in einem Topf erhitzen und die geschälte, fein gehackte Zwiebel darin glasig schwitzen.

3. Die Fleisch- oder Fischbrühe angießen, die Aalstücke dazugeben und 15 Minuten ziehen lassen.

4. Die Butter mit dem Mehl verkneten, in die Brühe geben und kurz durchkochen lassen.

5. Die Kräuter in die Sauce geben, die Sauce mit Salz, Pfeffer, Zitronensaft und Worcestersauce abschmecken, mit der Sahne verfeinern und nochmals 5 Minuten ziehen lassen. Die Aalstücke mit der grünen Sauce anrichten, ausgarnieren und sofort servieren.

Zubereitungszeit: ca. 30–40 Minuten
Pro Portion: 946,3 kcal/3959,8 kJ
37,6 g E, 75,5 g F, 15,1 g KH

Schleie im Bierteig

Für 4 Personen:

4 Schleienfilets
Salz
Pfeffer aus der Mühle
Saft von 1/2 Zitrone
1 TL mittelscharfer Senf
1/4 l Bier
8 geh. EL Mehl
2 EL Speiseöl
1 Prise Zucker
Fett zum Ausbacken
Salatblätter, Tomaten- und Zitronenscheiben zum Garnieren

So wird's gemacht:

1. Die Schleienfilets waschen, trockentupfen, mit Salz und Pfeffer würzen, mit Zitronensaft beträufeln, mit Senf bestreichen und 10–15 Minuten ziehen lassen.

2. Das Bier in eine Schüssel gießen, das Mehl und das Öl einrühren und mit Salz und Zucker würzen.

3. Die Fischfilets durch den Bierteig ziehen. Das Fett in einem Topf erhitzen, die Fischfilets hineingeben und goldgelb ausbacken.

4. Herausnehmen und auf einem Gitter abtropfen lassen.

5. Die Filets dekorativ anrichten, mit Salatblättern, Tomatenscheiben und Zitronenstückchen ausgarnieren und sofort servieren.

Zubereitungszeit: ca. 20–30 Minuten
Pro Portion: 676,5 kcal/2831,8 kJ
56,4 g E, 32,3 g F, 24,5 g KH

Zander vom Grill

Für 4 Personen:

4 Zanderfilets
einige Tropfen Zitronensaft
einige Tropfen Worcestersauce
Salz
Pfeffer aus der Mühle
1–2 EL zerlassene Butter
4 Portionen Kräuterbutter
einige rote Pfefferkörner
Kräuterzweige zum Garnieren

So wird's gemacht:

1. Die Zanderfilets unter fließendem Wasser waschen, trockentupfen, mit Zitronensaft und Worcestersauce beträufeln, mit Salz und Pfeffer einreiben und im Kühlschrank 10–15 Minuten ziehen lassen.

2. Die Zanderfilets herausnehmen, auf entsprechend große Stücke Alufolie legen, mit der flüssigen Butter bepinseln und unter dem Grill 15–20 Minuten garen.

3. Die Zanderfilets dekorativ anrichten, mit je 1 Portion Kräuterbutter belegen, mit roten Pfefferkörnern bestreuen, mit Kräuterzweigen ausgarnieren und sofort servieren.

Zubereitungszeit: ca. 30–35 Minuten
Pro Portion: 522,9 kcal/2188,5 kJ
59,4 g E, 26,5 g F, 2,5 g KH

Hechtfilet in Weißweinsauce

Für 4 Personen:

4 Hechtfilets à 150–200 g
einige Tropfen Zitronensaft
einige Tropfen Worcestersauce
Salz
Pfeffer aus der Mühle
1–2 EL Butter oder Margarine
1 Zwiebel
1 Glas Weißwein
3/8–1/2 l gebundene helle Sauce
1 Lorbeerblatt
1 Zweig Thymian
1 Zweig Rosmarin
1 Prise Zucker
1 Becher Sahne
Tomatenwürfel zum Garnieren

So wird's gemacht:

1. Die Hechtfilets unter fließendem Wasser waschen, trockentupfen, mit Zitronensaft und Worcestersauce beträufeln, mit Salz und Pfeffer würzen und im Kühlschrank 10–15 Minuten ziehen lassen.

2. Die Butter oder Margarine in einem Topf erhitzen und die geschälte, fein gehackte Zwiebel darin glasig schwitzen.

3. Mit dem Weißwein ablöschen, die gebundene helle Sauce angießen, das Lorbeerblatt, den Thymian und den Rosmarin hinzufügen, mit Zitronensaft, Worcestersauce, Salz, Pfeffer und Zucker würzen und einreduzieren lassen.

4. Die Hechtfilets in die Weißweinsauce legen und danach bei mäßiger Hitze 12–15 Minuten garen.

5. Die Hechtfilets herausnehmen und warm stellen. Die Sauce durch ein Sieb passieren, die Sahne einrühren und erhitzen.

6. Die Hechtfilets mit der Sauce anrichten, mit den geschälten Tomatenwürfeln ausgarnieren und mit grünen Bandnudeln servieren.

Zubereitungszeit: ca. 30–35 Minuten
Pro Portion: 666,8 kcal/2792,8 kJ
53,3 g E, 32,1 g F, 14,8 g KH

Fischküchle mit Tomatensauce

Für 4 Personen:

600 g Fischfilet ohne Gräten
1 altbackenes Brötchen
1 Ei
1 EL Senf
1 EL Tomatenketschup
2 Tomaten
Salz
Pfeffer aus der Mühle
1 Prise Muskat
1 Prise Cayennepfeffer
2 Tassen Semmelbrösel
2–3 EL Butterschmalz
1 Zwiebel
1 Schuss Sherry medium
1/2 l gebundene Tomatensauce
Kräuterzweige zum Garnieren

Zubereitungszeit: ca. 35 Minuten
Pro Portion: 576,7 kcal/2412,1 kJ
19,8 g E, 28,2 g F, 48,9 g KH

So wird's gemacht:

1. Das Fischfilet unter fließendem Wasser waschen, trockentupfen, in Würfel schneiden und mit dem eingeweichten, gut ausgedrückten Brötchen durch die mittlere Scheibe des Fleischwolfs drehen.

2. Das Ei, den Senf und den Tomatenketschup sowie die enthäuteten, entkernten und

in Würfel geschnittenen Tomaten unterarbeiten und die Masse mit Salz, Pfeffer, Muskat und Cayennepfeffer würzen.

3. Aus der Masse kleine Küchlein formen und in den Semmelbröseln wenden.

4. Das Schmalz in einer Pfanne erhitzen und die Fischküchlein darin von beiden Seiten braten. Herausnehmen und warm stellen.

5. Die Zwiebel schälen, fein hacken und im verbliebenen Bratfett glasig schwitzen.

Mit dem Sherry ablöschen und die gebundene Tomatensauce einrühren.

6. Die Sauce einmal aufkochen lassen und mit Salz, Pfeffer und Muskat kräftig abschmecken. Die Fischküchlein mit der Sauce anrichten, mit Kräuterzweigen ausgarnieren und mit buntem Gemüsereis servieren.

Brotzeit ist die schönste Zeit

Saurer Presssack

Für 4 Personen:

je 400 g roter und weißer Presssack
2–3 Zwiebeln
1 Tasse Bieressig
1 Tasse Speiseöl
Wasser nach Bedarf
Salz, Pfeffer aus der Mühle
1 Prise Zucker
Kräuterzweige zum Garnieren

So wird's gemacht:

1. Den Presssack in Scheiben schneiden und auf Tellern anrichten. Die Zwiebeln schälen, in feine Scheiben schneiden und auf dem Presssack verteilen.

2. Den Bieressig mit dem Öl und etwas Wasser verrühren, mit Salz, Pfeffer und Zucker abschmecken, über den Presssack gießen und kurz durchziehen lassen.

3. Den Presssack mit Kräuterzweigen ausgarnieren und servieren.

Zubereitungszeit: ca. 10 Minuten
Pro Portion: 1167,9 kcal/4887,8 kJ
37,2 g E, 101,4 g F, 11,4 g KH

Saurer Käs

Für 4 Personen:

500 g Backsteinkäse (Romadur)
2–3 Zwiebeln, 1–2 EL Kümmel

Für das Dressing:

1 Tasse Wasser, 1 EL Zucker
1 Tasse Essig
1 Tasse Sonnenblumenöl
Salz, Pfeffer aus der Mühle
1 Prise Cayennepfeffer
1 Bund Petersilie

Außerdem:

Kräuterzweige und Radieschenblumen zum Garnieren

So wird's gemacht:

1. Den Backsteinkäse in Scheiben schneiden und auf 4 Tellern dekorativ anrichten.

2. Die Zwiebeln schälen, in feine Würfel schneiden, mit dem Kümmel in eine Schüssel geben.

3. Das Wasser, den Zucker und den Essig dazugeben und das Ganze so lange rühren, bis sich der Zucker vollständig aufgelöst hat.

4. Anschließend das Sonnenblumenöl in das Dressing einrühren. Mit Salz, Pfeffer und Cayennepfeffer kräftig würzen.

5. Zum Schluss die Petersilie verlesen, waschen, fein hacken und unter das Dressing heben. Das Ganze nochmals abschmecken und den Backsteinkäse gleichmäßig mit dem Dressing und den Zwiebeln überziehen.

6. Den Sauren Käs mit Kräuterzweigen und Radieschenblumen ausgarnieren und sofort servieren.

Zubereitungszeit: ca. 10 Minuten
Pro Portion: 706,5 kcal/2956,6 kJ
28,8 g E, 56,4 g F, 11,2 g KH

Deftiger Wurstsalat

Für 4 Personen:

400 g Fleischwurst
4 Essiggurken
4 Tomaten, 2 Zwiebeln
1/2 Tasse Essig
1/2 Tasse Speiseöl
1 Tasse Wasser nach Geschmack
Salz
Pfeffer aus der Mühle
1 Bund Petersilie
Salatblätter und Ei-Achtel zum Garnieren

So wird's gemacht:

1. Die Fleischwurst in dünne Scheiben schneiden und auf 4 Tellern anrichten.

2. Die Essiggurken in Scheiben schneiden, die Tomaten achteln, die Zwiebeln schälen und in Ringe schneiden und alles dekorativ auf die Wurstscheiben legen.

3. Den Essig in eine Schüssel geben, das Öl darunter schlagen und nach Geschmack etwas Wasser angießen.

4. Das Dressing mit Salz und Pfeffer würzen und die verlesene, gewaschene und fein gehackte Petersilie unterheben.

5. Den Wurstsalat mit dem Dressing überziehen, kurz ziehen lassen, mit Salatblättern und Ei-Achteln ausgarnieren und servieren.

Zubereitungszeit: ca. 15 Minuten
Pro Portion: 508,7 kcal/2125,9 kJ
19,8 g E, 39,9 g F, 10 g KH

Ochsenmaulsalat mit Senfvinaigrette

Für 4 Personen:

1 kg gekochtes Ochsenmaul
2 rote Zwiebeln
1 Bund Radieschen
1 Tasse Wasser
Salz
Pfeffer aus der Mühle
1 TL Zucker
1/2 Tasse Weinessig
2–3 EL mittelscharfer Senf
1/2 Tasse Olivenöl
Kräuterzweige zum Garnieren

So wird's gemacht:

1. Das Ochsenmaul in hauchdünne Scheiben schneiden und in eine Schüssel geben. Die Zwiebeln schälen und in hauchdünne Scheiben schneiden.

2. Die Radieschen putzen, waschen und ebenfalls in Scheiben schneiden.

3. Das Wasser mit dem Salz, dem Pfeffer und dem Zucker so lange verrühren, bis sich der Zucker vollständig aufgelöst hat.

4. Den Weinessig und den Senf darunter schlagen, das Öl tropfenweise einrühren.

5. Das Ochsenmaul mit dem Dressing gut vermischen und im Kühlschrank 10 Minuten ziehen lassen.

6. In der Zwischenzeit die Zwiebelringe und die Radieschenscheiben dekorativ in Suppentellern anrichten, den Ochsenmaulsalat nochmals abschmecken, auf den Scheiben verteilen, mit Kräuterzweigen ausgarnieren und sofort servieren.

Zubereitungszeit: ca. 20–30 Minuten
Pro Portion: 574 kcal/2400,2 kJ
53,3 g E, 29,5 g F, 12,6 g KH

Bayerisches Brotzeitbrett

Für 4 Personen:

je 2 Scheiben roter und weißer Presssack
2 Scheiben Leberkäse
2 Scheiben gepökeltes, gekochtes Wammerl
100 g gekochter, magerer Schinken
200 g Backsteinkäse (Romadur)
200 g Allgäuer Bergkäse
1 Glas Silberzwiebeln
1 Bund Radieschen
4 Tomaten
Paprikaringe
Salatblätter und Kräuterzweige zum Garnieren

So wird's gemacht:

1. Den Presssack, den Leberkäse, das Wammerl und den Schinken dekorativ auf einem Holzbrett anrichten.

2. Den Backsteinkäse in Scheiben schneiden und ebenfalls dekorativ auf das Brett legen.

3. Den in Scheiben geschnittenen Allgäuer Bergkäse dazulegen. Mit den Silberzwiebeln, den zu Rosen geschnittenen Radieschen, den in Stücke geschnittenen Tomaten, den Paprikaringen, den Salatblättern und den Kräuterzweigen die Brotzeitplatte ausgarnieren.

Zubereitungszeit: ca. 10–15 Minuten
Pro Portion: 1384,1 kcal/5792,1 kJ
86,7 g E, 100,4 g F, 14,2 g KH

Tipp:
Zum Bayerischen Brotzeitbrett serviert man frische bayerische Brezen, süßen und mittelscharfen Senf sowie ein gut gezapftes Bier. Wer das Bayerische Brotzeitbrett ergänzen will, der kann auch einen weißen oder roten Rettich dazu reichen. Hierfür wird der Rettich geputzt und mit Hilfe des Rettichschneiders in zusammenhängende, hauchdünne Scheiben geschnitten. Nun den Rettich stark salzen und ihn „weinen" lassen. Jetzt können Sie den Rettich zum Brotzeitbrett servieren. Besonders gut schmeckt auch ein Rettichsalat. Hierfür den Rettich oder die Radieschen grob raspeln, in eine Schüssel geben, salzen und kurz ziehen lassen. Nun können Sie den Salat ebenfalls zum Brotzeitbrett servieren.

Bratensülze

Für 4 Personen:

8–12 dünne Scheiben Schweinebraten
4 Essiggurken
4 Tomaten
4 hart gekochte Eier
4 kleine Zwiebeln
1/2 Bund Petersilie
1 l entfettete Fleischbrühe
1 Tasse Essig
2 Lorbeerblätter
einige Wacholderbeeren
einige Pfefferkörner
Salz
Pfeffer aus der Mühle
12 Blatt weiße Gelatine

So wird's gemacht:

1. Die Bratenscheiben auf 4 tiefe Teller verteilen.

2. Die Essiggurken halbieren und fächerartig einschneiden, die Tomaten waschen, den Strunk herausschneiden und die Tomaten in Scheiben schneiden.

3. Die Eier pellen und ebenfalls in Scheiben schneiden, die Zwiebeln schälen und in Ringe schneiden.

4. Die Essiggurken, die Tomaten, die Eier und die Zwiebelringe auf dem Fleisch anrichten und gewaschene, gut abgetropfte Petersiliensträußchen dazwischen setzen.

5. Die Fleischbrühe in einem Topf erhitzen, den Essig einrühren, die Lorbeerblätter, die Wacholderbeeren und die Pfefferkörner in ein Gewürzsäckchen füllen und hinzufügen.

6. Das Ganze mit Salz und Pfeffer abschmecken und die Brühe bei mäßiger Hitze 8–10 Minuten ziehen lassen. Anschließend das Gewürzsäckchen entfernen.

7. Die Gelatine in kaltem Wasser einweichen, in die Brühe geben und auflösen lassen.

8. Die Brühe vorsichtig über die Zutaten gießen, bis sie vollständig bedeckt sind. Im Kühlschrank fest werden lassen, anrichten, ausgarnieren und servieren.

Zubereitungszeit: ca. 80–90 Minuten
Pro Portion: 783,5 kcal/3275,1 kJ
67 g E, 46,6 g F, 11,5 g KH

Saure Zipfel

Für 4 Personen:

- 3/4 l Gemüsebrühe, 1 Glas Weißwein
- 1 Tasse Weinessig, 2 EL Zucker
- Salz, Pfeffer aus der Mühle
- 4 Zwiebeln
- 4 Karotten
- 2–3 Lorbeerblätter
- einige Pfefferkörner
- einige Wacholderbeeren
- 16 Rostbratwürstchen
- 1 Bund Schnittlauch

So wird's gemacht:

1. Die Gemüsebrühe mit dem Weißwein, dem Essig und dem Zucker in einen Topf geben und zum Kochen bringen. Mit Salz und Pfeffer würzen.

2. Die Zwiebeln und die Karotten schälen, beides in Scheiben schneiden, mit den Lorbeerblättern, den Pfefferkörnern und den Wacholderbeeren in den Sud geben und das Ganze bei mäßiger Hitze 10 Minuten köcheln lassen.

3. Anschließend die Rostbratwürstchen in den Sud legen, 4–5 Minuten ziehen lassen.

4. Die Würstchen vom Herd nehmen und warm oder kalt servieren. Beim Servieren mit frisch geschnittenem Schnittlauch bestreuen.

Zubereitungszeit: ca. 25–30 Minuten
Pro Portion: 801,4 kcal/3351,4 kJ
77,6 g E, 35,1 g F, 19,7 g KH

Roastbeef mit Senfmayonnaise

Für 4 Personen:

500 g rosa gebratenes Roastbeef (kalt)

Für die Mayonnaise:

1 Tasse Mayonnaise
1 Becher Crème fraîche
2–3 EL scharfer Senf
einige Tropfen Zitronensaft
einige Tropfen Worcestersauce
Salz, Pfeffer aus der Mühle
1 Prise Cayennepfeffer

Außerdem:

1 Glas Silberzwiebeln
4 kleine Essiggurken
Kräuterzweige, Cocktailtomaten, Pfefferschoten zum Garnieren

So wird's gemacht:

1. Das Roastbeef in dünne Scheiben schneiden und auf 4 Tellern dekorativ anrichten.

2. Für die Sauce die Mayonnaise mit der Crème fraîche und dem Senf in eine Schüssel geben und glatt rühren.

3. Das Ganze mit Zitronensaft, Worcestersauce, Salz, Pfeffer und Cayennepfeffer kräftig abschmecken und zum Roastbeef geben.

4. Die Silberzwiebeln abtropfen lassen und gleichmäßig auf dem Roastbeef verteilen.

5. Die Essiggurken fein hacken und die Mayonnaise mit den Essiggurken bestreuen.

6. Das Ganze mit Kräuterzweigen, Cocktailtomaten und Pfefferschoten ausgarnieren und sofort servieren.

Zubereitungszeit: ca. 15 Minuten
Pro Portion: 737,8 kcal/3087,1 kJ
26,9 g E, 64,3 g F, 3,7 g KH

Rindfleischsalat

Für 4 Personen:

400 g gekochtes Rindfleisch
1 rote Paprikaschote
1 grüne Paprikaschote
1 Apfel
einige Tropfen Zitronensaft
1 Zwiebel

Für das Dressing:
6 EL Obstessig
6 EL Speiseöl
1 Tasse Gemüsebrühe
2 EL Meerrettich
1 Knoblauchzehe
Salz, Pfeffer aus der Mühle, Zucker
1 Tasse gemischte, gehackte Kräuter
einige Salatblätter

So wird's gemacht:

1. Das Rindfleisch in Streifen schneiden und in eine Schüssel geben.

2. Die Paprikaschoten putzen, halbieren, entkernen, waschen, gut abtropfen lassen und in Streifen schneiden.

3. Den Apfel schälen, entkernen, in Würfel schneiden und mit Zitronensaft beträufeln.

4. Die Zwiebel schälen und dann in Ringe schneiden.

5. Die Paprikastreifen, die Apfelwürfel und die Zwiebelringe zum Rindfleisch geben und alles gut miteinander vermischen.

6. Den Essig mit dem Öl und der Gemüsebrühe verschlagen, den Meerrettich und die geschälte und anschließend mit Salz zerriebene Knoblauchzehe einrühren, mit Salz, Pfeffer und Zucker würzen und danach die gehackten Kräuter unterheben.

7. Die Salatblätter verlesen, waschen, gut abtropfen lassen und auf Tellern anrichten. Den Rindfleischsalat darauf verteilen, mit dem Dressing überziehen, kurz ziehen lassen, ausgarnieren und servieren.

Zubereitungszeit: ca. 15–20 Minuten
Pro Portion: 279,4 kcal/1170,4 kJ
9,7 g E, 17,5 g F, 17,1 g KH

Obatzter

Für 4 Personen:

2 Packungen Camembert à 250 g
60 g Butter
2 Zwiebeln
Salz
Pfeffer aus der Mühle
1 Prise Kümmelpulver
1 Prise Paprikapulver edelsüß
1/2 Bund Schnittlauch
1 Bund Radieschen
Kräuterzweige zum Garnieren

So wird's gemacht:

1. Den Camembert fein würfeln und mit der Butter verkneten.

2. Die Zwiebeln schälen, 1/2 Zwiebel in Ringe schneiden, den Rest fein hacken und anschließend vorsichtig unter den Camembert mischen.

3. Mit Salz, Pfeffer, Kümmelpulver und Paprika abschmecken.

4. Aus der Masse mit einem feuchten Löffel Nocken abstechen und anrichten.

5. Mit Schnittlauchröllchen bestreuen, mit Zwiebelringen, geraspelten Radieschen und Kräuterzweigen ausgarnieren und servieren.

Zubereitungszeit: ca. 15 Minuten
Pro Portion: 566,2 kcal/2370,2 kJ
26,9 g E, 45,2 g F, 6,9 g KH

Brätwurst mit Gemüsefüllung

Für 4 Personen:

600 g Kalbsbrät
1 Schuss Milch oder Sahne
1 Ei
1 Eigelb
Salz
Pfeffer aus der Mühle
1 Prise Muskat
1/2 abgeriebene Zitronenschale
Semmelbrösel zum Binden

Außerdem:

500 g grüner Speck
1/2 gepökelte, gekochte Rinderzunge
1 rote Paprikaschote
100 g grüne Bohnen
1 EL Pistazienkerne
Folie
Alufolie

Zubereitungszeit: ca. 180 Minuten
Pro Portion: 1482,2 kcal/6204,9 kJ
74,1 g E, 115,8 g F, 14,2 g KH

So wird's gemacht:

1. Das Kalbsbrät mit der Milch oder Sahne, dem Ei und dem Eigelb in eine Schüssel geben und vermengen. Mit Salz, Pfeffer, Muskat und Zitronenschale kräftig abschmecken und mit Semmelbröseln binden.

2. Einen Teil des Specks in dünne Scheiben, den Rest in feine Streifen schneiden. Die Zunge ebenfalls in dünne Streifen schneiden.

3. Die Paprikaschote halbieren, entkernen, waschen und in Streifen schneiden. Die Bohnen in etwas Salzwasser bissfest garen und gut abtropfen lassen.

4. Ein Stück Folie auf einer Arbeitsfläche ausbreiten, eine dünne Schicht Brätmasse darauf streichen, mit Speckstreifen und Zungenstreifen belegen.

5. Eine weitere Schicht der Brätmasse darauf streichen. Diese abwechselnd mit den Paprikastreifen und den Bohnen belegen und wieder mit Brätmasse bedecken. Den Vorgang wiederholen.

6. Auf die letzte Schicht Brät die gehackten Pistazien streuen und das Ganze vorsichtig zu einer Rolle formen.

7. Die Brätwurst fest in Alufolie wickeln und bei 180 °C 90 Minuten pochieren. Im Wasser auskühlen lassen.

8. Die Brätwurst aus der Alufolie nehmen und in Scheiben schneiden.

9. Das Fett in einer Pfanne erhitzen und die Brätwurstscheiben darin anbraten. Herausnehmen, mit einem gemischten Salat dekorativ auf Tellern anrichten und sofort servieren.

Immer passend
Beilagen

Rohe Kartoffelknödel

Für 4 Personen:

- 1 1/2 kg Kartoffeln
- 100 g Mehl
- 1/4 l Milch
- Salz
- weißer Pfeffer aus der Mühle
- 1 Prise Muskat
- Salzwasser

Außerdem:

- 100 g Butter
- 1 Tasse Semmelbrösel

So wird's gemacht:

1. Die Kartoffeln schälen und in eine Schüssel reiben. Anschließend die Kartoffeln mit Hilfe eines sauberen Küchentuches auspressen und in die Schüssel zurückgeben.

2. Das Mehl über die Kartoffeln sieben und untermischen. Die Milch erwärmen, dazugeben und das Ganze zu einem kompakten Teig verarbeiten. Den Teig mit Salz, Pfeffer und Muskat würzen und anschließend 30 Minuten quellen lassen.

3. Mit nassen Händen Knödel formen und diese in kochendes Salzwasser geben. Bei mäßiger Hitze 20–25 Minuten garen. Die Knödel aus dem Wasser nehmen, gut abtropfen lassen, dekorativ anrichten, mit in Butter gerösteten Semmelbröseln überziehen und zu allen Gerichten mit viel Sauce servieren.

Zubereitungszeit: ca. 60 Minuten
Pro Portion: 739,2 kcal/3096,5 kJ
15,7 g E, 24,0 g F, 104,7 g KH

Kartoffelpuffer

Für 4 Personen:

1 kg Kartoffeln
40 g Mehl
1 Ei
1 Zwiebel
Salz
Pfeffer aus der Mühle
Fett zum Braten

Außerdem:

100 g durchwachsener, geräucherter Speck
2 Tomaten, 1 Stange Lauch
Gemüsebrühe zum Blanchieren
1 Bund fein gehackte Petersilie

So wird's gemacht:

1. Die Kartoffeln schälen, grob raspeln und in eine Schüssel geben. Das Mehl und das Ei dazugeben, die Zwiebel schälen, fein reiben, ebenfalls dazugeben und das Ganze zu einer kompakten Masse verarbeiten. Die Kartoffelmasse mit Salz und Pfeffer kräftig würzen.

2. Fett in einer Pfanne erhitzen und portionsweise Kartoffelpuffer in das Fett geben. Die Kartoffelpuffer auf beiden Seiten goldgelb ausbacken und warm halten.

3. Den in feine Streifen geschnittenen Speck ins verbliebene Bratfett geben und auslassen.

4. Die Tomaten waschen, den Strunk herausschneiden und die Tomaten würfeln. Den Lauch putzen, in Stücke schneiden und diese in Gemüsebrühe blanchieren.

5. Die Lauchstücke dekorativ auf Tellern anrichten, die Kartoffelpuffer daraufsetzen, mit den Speckstreifen, den Tomatenwürfeln und der Petersilie bestreuen und zu Schweine- oder Kalbfleisch servieren.

Zubereitungszeit: ca. 20–30 Minuten
Pro Portion: 535,7 kcal/2247 kJ
15,1 g E, 24,5 g F, 57 g KH

Brühkartoffeln

Für 4 Personen:

- 1 kg Kartoffeln
- 2 Karotten
- 1 Sellerieknolle
- 1 Stange Lauch
- Butter zum Anschwitzen
- 1/2–3/4 l Fleischbrühe
- Salz
- Pfeffer aus der Mühle
- 1 Prise Muskat
- 2 EL zerlassene Butter
- 1/2 Bund Petersilie

So wird's gemacht:

1. Die Kartoffeln unter fließendem Wasser waschen, schälen und in Würfel schneiden.

2. Die Karotten, den Sellerie und den Lauch putzen, waschen, die Karotten und den Sellerie schälen und mit dem Lauch ebenfalls in Würfel schneiden.

3. Die Butter in einem Topf erhitzen und das Gemüse darin anschwitzen.

4. Die Fleischbrühe angießen, zum Kochen bringen und 20–25 Minuten garen.

5. Die Brühkartoffeln salzen, pfeffern, mit Muskat verfeinern und die zerlassene Butter dazugeben.

6. Die Petersilie verlesen, waschen und fein hacken.

7. Die Brühkartoffeln dekorativ anrichten, mit der Petersilie bestreuen, ausgarnieren und zu einer gesottenen Ochsenbrust oder zu einem Tafelspitz mit Meerrettichsauce servieren.

Zubereitungszeit: ca. 45–50 Minuten
Pro Portion: 522,9 kcal/2191,7 kJ
13,9 g E, 26 g F, 51,2 g KH

Folienkartoffeln mit Quarkdip

Für 4 Personen:

8 große Kartoffeln
Salz, Pfeffer aus der Mühle
1 EL Kümmel

Für den Quarkdip:

400 g Sahnequark
1 Becher saure Sahne
2 Zwiebeln, 2–3 Knoblauchzehen
Kräutersalz
weißer Pfeffer aus der Mühle
1 Prise Kümmelpulver
1 Prise Cayennepfeffer
1 Bund Schnittlauch

Außerdem:

4 kleine Tomaten
1 Kästchen Kresse

So wird's gemacht:

1. Die Kartoffeln waschen, trockentupfen und jede Kartoffel auf ein entsprechend großes Stück Alufolie setzen. Die Kartoffeln mit Salz, Pfeffer und Kümmel bestreuen und in die Folie einwickeln.

2. Die Folienkartoffeln im auf 180–200 °C vorgeheizten Backofen je nach Größe in 45–60 Minuten garen.

3. In der Zwischenzeit für den Dip den Quark mit der sauren Sahne in eine Schüssel geben und verrühren.

4. Die Zwiebeln schälen, fein reiben, mit den geschälten, fein gehackten Knoblauchzehen unter den Quark ziehen.

5. Das Ganze mit Kräutersalz, Pfeffer, Kümmel und Cayennepfeffer kräftig abschmecken.

6. Die Folienkartoffeln an der Oberfläche mit einem Messer über Kreuz einschneiden und an den Seiten zusammendrücken, sodass das Kartoffelinnere nach oben quillt. Die Folienkartoffeln dekorativ anrichten, mit dem Quarkdip überziehen, mit dem fein geschnittenen Schnittlauch bestreuen.

7. Mit Tomatenstücken und Kresse ausgarnieren und zu Kurzgebratenem servieren.

Zubereitungszeit: ca. 75 Minuten
Pro Portion: 615,2 kcal/2579,5 kJ
18,3 g E, 34,7 g F, 49,4 g KH

Kartoffel-Kräuter-Küchlein

Für 4 Personen:

1 kg mehlig kochende Kartoffeln
Salzwasser
100–150 g Mehl
Salz
weißer Pfeffer aus der Mühle
1 Prise Muskat
2–3 Eier
1 Tasse gemischte, gehackte Kräuter (Petersilie, Majoran, Estragon)
Butterschmalz zum Ausbacken

Außerdem:

Salatblätter, Tomatenscheiben und Petersilienzweige zum Garnieren

So wird's gemacht:

1. Die Kartoffeln waschen und in Salzwasser garen. Anschließend die Kartoffeln abgießen, leicht erkalten lassen, pellen und durch die Kartoffelpresse treiben.

2. Den Kartoffelteig mit dem Mehl vermischen und gut durchkneten. Mit Salz, Pfeffer und Muskat würzen, die verschlagenen Eier und die gehackten Kräuter dazugeben und zu einem kompakten Teig verarbeiten.

3. Den Teig auf einer bemehlten Arbeitsfläche zu einer 8–10 cm dicken Rolle formen und anschließend 1 cm dicke Scheiben abschneiden.

4. Das Butterschmalz in einer Pfanne erhitzen und die Kartoffelkräuterküchlein darin bei mäßiger Hitze auf beiden Seiten goldgelb ausbacken.

5. Die Kartoffelkräuterküchlein aus der Pfanne nehmen, mit Salatblättern, Tomatenscheiben und Petersilienzweigen dekorativ anrichten und zu Kurzgebratenem oder auch zu Schmorbraten servieren.

Zubereitungszeit: ca. 70 Minuten
Pro Portion: 584,6 kcal/2448,2 kJ
16,6 g E, 21,5 g F, 72,5 g KH

Buttermais auf Kräuterbett

Für 4 Personen:

8 zarte, frische Maiskolben
Salzwasser oder Gemüsebrühe zum Garen
1 Prise Zucker

Außerdem:

100 g Butter zum Braten
2 Bund Kräuter (Zitronenmelisse, Majoran, Rosmarin)
Tomatenscheiben zum Garnieren

So wird's gemacht:

1. Die Maiskolben unter fließendem Wasser waschen, abtropfen lassen und bereitstellen. Das Salzwasser oder die Gemüsebrühe zum Kochen bringen. Mit Zucker leicht süßen.

2. Die Maiskolben hineingeben und bei mäßiger Hitze bissfest garen. Anschließend herausnehmen und gut abtropfen lassen. Die Butter erhitzen und die Maiskolben darin unter ständigem Wenden braten.

3. Die Kräuter verlesen, waschen, gut abtropfen lassen, dekorativ auf Tellern anrichten, die Maiskolben darauf legen, mit Tomatenscheiben ausgarnieren und sofort servieren.

Zubereitungszeit: ca. 40 Minuten
Pro Portion: 464,3 kcal/1938,3 kJ
9,7 g E, 23,9 g F, 48,7 g KH

Grüne Bohnen mit brauner Einbrenne

Für 4 Personen:

800 g grüne Bohnen
2 l Salzwasser
einen Zweig frisches Bohnenkraut

Außerdem:

40 g Butter oder Margarine
1 Zwiebel
30 g Mehl
2 EL Tomatenmark
Salz, Pfeffer aus der Mühle
1 Prise Muskat
1 Prise Cayennepfeffer
Essig und Zucker nach Geschmack

So wird's gemacht:

1. Die Bohnen putzen, waschen, gut abtropfen lassen und bereitstellen. Das Salzwasser zum Kochen bringen, das Bohnenkraut dazugeben, kurz ziehen lassen und anschließend die Bohnen bissfest garen. Die Bohnen herausnehmen und sofort in Eiswasser legen. Den Sud bereitstellen.

2. Das Fett erhitzen und die geschälte, fein gehackte Zwiebel darin glasig schwitzen. Das Mehl dazugeben und unter ständigem Rühren braun rösten. Das Tomatenmark einrühren und mit 1/2 l kaltem Sud auffüllen.

3. Das Ganze zu einer sämigen Sauce verkochen und mit den Gewürzen abschmecken. Die Sauce je nach Geschmack mit Essig und Zucker süßsauer abrunden.

4. Die Bohnen in die Sauce geben, erhitzen, dekorativ anrichten und servieren. Die Bohnen passen vorzüglich zu Dampfnudeln und sind als „Freitagsgericht" sehr beliebt.

Zubereitungszeit: ca. 40–50 Minuten
Pro Portion: 198,1 kcal/825,9 kJ
7,1 g E, 9,1 g F, 19,5 g KH

Blaukraut

Für 4 Personen:

1 kg Blaukraut (Rotkohl)
500 g Äpfel
1–2 EL Butterschmalz
1 Zwiebel
2–3 Nelken, 2 Lorbeerblätter
1/2 l Gemüsebrühe
1 Tasse Rotwein
1 Tasse Obstessig
Salz
Pfeffer aus der Mühle
1 Prise Zucker

So wird's gemacht:

1. Das Blaukraut putzen und in feine Streifen schneiden oder hobeln, die Äpfel schälen, entkernen und in Würfel schneiden.

2. Das Butterschmalz in einem Topf erhitzen und die Äpfel darin anschwitzen. Das Kraut dazugeben und kurz mitschwitzen.

3. Die Zwiebel schälen, mit den Nelken und den Lorbeerblättern spicken und zum Kraut geben.

4. Die Brühe, den Rotwein und den Essig angießen und das Kraut zugedeckt gar dünsten. Das Blaukraut mit Salz, Pfeffer und Zucker nach Geschmack würzen und die gespickte Zwiebel entfernen. Das Blaukraut dekorativ anrichten, ausgarnieren und zu Braten servieren.

Zubereitungszeit: ca. 50 Minuten
Pro Portion: 292,2 kcal/1229,1 kJ
5,7 g E, 14,4 g F, 27,4 g KH

Zuckerrübchen

Für 4 Personen:

1 kg Teltower Rübchen
30 g Butter
20 g Zucker
30 g Mehl
1/2 l Gemüsebrühe
Salz
weißer Pfeffer aus der Mühle
1 Becher Sahne

So wird's gemacht:

1. Die Rübchen schaben, abwaschen, trockentupfen und in Streifen schneiden.

2. Die Butter in einem Topf erhitzen und den Zucker darin leicht karamellisieren lassen. Das Mehl einrühren, leicht bräunen und dann mit der Gemüsebrühe ablöschen.

3. Das Ganze zu einer sämigen Sauce verkochen, mit Salz und Pfeffer abschmecken.

4. Die Rübchen hinzugeben und bissfest garen.

5. Die Rübchen mit der Sahne verfeinern, nochmals abschmecken, mit der Sauce anrichten, ausgarnieren und zu Rind- oder Schweinefleisch servieren.

Zubereitungszeit: ca. 45 Minuten
Pro Portion: 313 kcal/1309,8 kJ
4,0 g E, 23,1 g F, 20,1 g KH

Herzhaft und lecker
Mehlspeisen

Schinkennudeln

Für 4 Personen:

300 g dünne Bandnudeln
Salzwasser
einige Tropfen Olivenöl

Außerdem:
2 Zwiebeln
250 g gekochter, magerer Schinken
2–3 EL Butter oder Margarine
Salz
Pfeffer aus der Mühle
1 Prise Muskat
1 Bund Petersilie

So wird's gemacht:

1. Die Bandnudeln in Salzwasser mit dem Olivenöl bissfest garen, abgießen, abschrecken, gut abtropfen lassen und bereitstellen.

2. Die Zwiebeln schälen und in feine Würfel schneiden, den Schinken in dünne Streifen schneiden.

3. Die Butter oder Margarine in einer Pfanne erhitzen und die Zwiebeln darin glasig schwitzen.

4. Die Schinkenstreifen dazugeben und unter ständigem Rühren braten.

5. Die Bandnudeln zu den Schinkenzwiebeln geben, kurz durchschwenken und braten.

6. Die Schinkennudeln mit Salz, Pfeffer und Muskat kräftig abschmecken, dekorativ anrichten, mit der verlesenen, gewaschenen und fein gehackten Petersilie bestreuen, ausgarnieren und sofort servieren.

7. Zu den Schinkennudeln serviert man einen großen, gemischten Salat mit einer Kräutervinaigrette.

Zubereitungszeit: ca. 25 Minuten
Pro Portion: 474,7 kcal/1988,1 kJ
20,4 g E, 22,6 g F, 41,7 g KH

Kartoffelschmarren

Für 4 Personen:

1 kg Kartoffeln
Salzwasser zum Garen
50 g Mehl
4 Eier
1 Schuss Milch
Salz
Pfeffer aus der Mühle
1 Prise Muskat
Butterschmalz zum Braten

Außerdem:
500 g Bleichsellerie
Salzwasser oder Gemüsebrühe zum Blanchieren
2 säuerliche Äpfel
2–3 EL Butter oder Margarine
1 Glas Preiselbeerkompott

So wird's gemacht:

1. Die Kartoffeln in Salzwasser garen, abgießen, leicht erkalten lassen, pellen und durch die Kartoffelpresse treiben.

2. Die Kartoffelmasse mit dem Mehl, den Eiern und der Milch zu einem glatten, kompakten Teig verarbeiten. Mit Salz, Pfeffer und Muskat würzen.

3. Das Schmalz erhitzen, den Teig portionsweise in die Pfanne geben und flach drücken. Auf beiden Seiten goldgelb ausbacken.

4. Anschließend den Teig mit 2 Gabeln zerrupfen, nochmals durchschwenken und in einen Topf geben.

5. Den restlichen Teig wie beschrieben ausbacken und den Schmarren bereitstellen.

6. Den Bleichsellerie putzen, in mundgerechte Stücke schneiden und in Salzwasser oder Gemüsebrühe blanchieren. Die Äpfel schälen, entkernen und in Würfel schneiden.

7. Die Butter oder Margarine in einer großen Pfanne erhitzen, den Bleichsellerie und die Äpfel dazugeben und 4–5 Minuten braten.

8. Den Kartoffelschmarren unter die Sellerieäpfel heben, durchschwenken, erhitzen, dekorativ anrichten, mit Selleriegrün ausgarnieren, mit Preiselbeerkompott überziehen und sofort servieren.

Zubereitungszeit: ca. 60 Minuten
Pro Portion: 724,5 kcal/3035,1 kJ
15,9 g E, 31,0 g F, 85,1 g KH

Krautschupfnudeln

Für 4 Personen:

1 kg gekochte Kartoffeln (vom Vortag)
250 g Mehl
je 1 Prise Salz und Muskat
2 Eigelbe
Salzwasser zum Garen

Außerdem:

100 g durchwachsener, geräucherter Speck
1 Zwiebel
600 g Sauerkraut
1 Glas Weißwein
1 Tasse Gemüsebrühe
2 Lorbeerblätter
einige Nelken
einige Wacholderbeeren
Salz
Pfeffer aus der Mühle
Butterschmalz zum Braten
1 Bund Schnittlauch

So wird's gemacht:

1. Die Kartoffeln schälen und in eine Schüssel reiben.

2. Mit Mehl, Salz, Muskat und den Eigelben zu einem festen Teig verkneten.

3. Aus dem Kartoffelteig eine Rolle formen und mit bemehlten Händen fingerdicke Nudeln abdrehen.

4. Salzwasser zum Kochen bringen und die Schupfnudeln portionsweise hineingeben. Sobald sie an der Oberfläche schwimmen, mit einer Schaumkelle herausnehmen und in kaltem Wasser abschrecken.

5. Den Speck fein würfeln und in einer großen Pfanne auslassen. Die Zwiebel schälen und fein hacken und mit dem Speck braten.

6. Das Sauerkraut dazugeben und kurz mitdünsten. Mit dem Weißwein und der Gemüsebrühe angießen. Die Lorbeerblätter, die Nelken und die Wacholderbeeren dazugeben, mit Salz und Pfeffer würzen und das Ganze ca. 10 Minuten dünsten.

7. Das Butterschmalz in einer zweiten Pfanne erhitzen und die Schupfnudeln darin goldbraun braten. Anschließend zum Kraut geben und vermischen.

8. Die Krautschupfnudeln in einer Schüssel anrichten, mit verlesenem, gewaschenem und fein geschnittenem Schnittlauch bestreuen und sofort servieren.

Zubereitungszeit: ca. 120 Minuten
Pro Portion: 657,2 kcal/2749 kJ
22,3 g E, 14,3 g F, 94,2 g KH

Spinatspätzle

Für 4 Personen:

500 g Mehl
150–200 g gehackter Spinat (TK-Produkt)
6 Eier
Salz, Pfeffer aus der Mühle
Muskat
evtl. 2–3 EL Milch
Salzwasser
2–3 EL zerlassene Butter

So wird's gemacht:

1. Das Mehl, den aufgetauten Spinat und die Eier in eine Schüssel geben, mit Salz, Pfeffer und Muskat würzen und zu einem kompakten Teig verarbeiten, dabei bei Bedarf noch etwas Milch zugeben.

2. Salzwasser zum Kochen bringen und den Teig portionsweise mit der Spätzlepresse hineindrücken.

3. Sobald die Spätzle oben schwimmen, mit einer Schaumkelle herausnehmen und in kaltem Wasser abschrecken, herausnehmen und anrichten. Die Spinatspätzle mit der zerlassenen Butter beträufeln und sofort servieren.

Zubereitungszeit: ca. 25–30 Minuten
Pro Portion: 702,7 kcal/2940,6 kJ
26,1 g E, 20,8 g F, 92,9 g KH

Geröstete Spätzle mit Salat

Für 4 Personen:

Für die Spätzle:

500 g Mehl, 1 Prise Salz
1/4 l Wasser, 2–3 Eier
Salzwasser zum Kochen
1 Zwiebel
2–3 EL Butter

Für den Salat:

300 g gemischte Blattsalate
1 Karotte, 4 Tomaten
1 Zwiebel

Für das Dressing:

1/2 Tasse Kräuteressig
1 EL Senf
Salz, Pfeffer aus der Mühle
1 Prise Cayennepfeffer
1 Prise Zucker
1/2 Tasse Sonnenblumenöl
1 Kästchen Kresse
zum Garnieren

So wird's gemacht:

1. Das Mehl mit dem Salz, dem Wasser und den Eiern in eine Schüssel geben und zu einem glatten Teig verarbeiten.

2. Salzwasser zum Kochen bringen und den Spätzleteig portionsweise mit einer Spätzlepresse in das Wasser drücken.

3. Sobald die Spätzle an die Wasseroberfläche steigen, mit einer Schaumkelle herausnehmen und in kaltem Wasser abschrecken.

4. Die Zwiebel schälen und fein hacken. Die Butter in einer Pfanne schmelzen und die Zwiebel darin hellbraun braten. Die Spätzle dazugeben und anrösten.

5. Die Blattsalate putzen, waschen und in mundgerechte Stücke teilen. Danach die Karotte schälen und in dünne Stifte schneiden.

6. Die Tomaten waschen, den Strunk entfernen und die Tomaten in Achtel schneiden. Die Zwiebel schälen, in feine Ringe schneiden.

7. Den Salat, die Karotte, die Tomaten und die Zwiebel in Salatschälchen anrichten.

8. Für das Dressing den Kräuteressig, den Senf, das Salz, den Pfeffer, den Cayennepfeffer und den Zucker in einer Tasse glatt rühren und das Sonnenblumenöl zum Schluss darunter ziehen. Das Dressing gleichmäßig über den Salat gießen.

9. Die gerösteten Spätzle auf 4 Tellern anrichten, mit der verlesenen Kresse ausgarnieren und sofort servieren.

Zubereitungszeit: ca. 30–35 Minuten
Pro Portion: 885,9 kcal/3705,3 kJ
22,7 g E, 35,6 g F, 107,5 g KH

Semmelknödel mit Pilzen

Für 4 Personen:

8–10 altbackene Brötchen
1/4–3/8 l Milch
3–4 Eier, 1 Zwiebel
1–2 EL Butter oder Margarine
1 Bund Petersilie
Salz, Pfeffer aus der Mühle
1 Prise Muskat
1 Prise Cayennepfeffer
Salzwasser zum Garen

Für die Pilze:

400 g gemischte Waldpilze
3–4 EL Butter oder Margarine
2 Zwiebeln
2–3 EL Mehl
3/8 l Gemüsebrühe
2 Becher Sahne
1 Tasse gemischte, gehackte Kräuter

So wird's gemacht:

1. Die Brötchen in Scheiben schneiden und in eine Schüssel geben. Die Milch zum Kochen bringen und die heiße Milch gleichmäßig über den Brötchenscheiben verteilen. Kurz ziehen lassen.

2. Die Eier verschlagen und ebenfalls zu den Brötchen geben.

3. Die Zwiebel schälen, fein hacken, mit der Butter oder Margarine in einer Pfanne glasig schwitzen, vom Herd nehmen und mit der verlesenen, gewaschenen und fein gehackten Petersilie ebenfalls zu den Brötchen geben.

4. Das Ganze mit Salz, Pfeffer, Muskat und Cayennepfeffer kräftig würzen und zu einer kompakten Masse verarbeiten.

5. Salzwasser zum Kochen bringen, mit nassen Händen Knödel abdrehen und diese im Salzwasser 10–15 Minuten garen.

6. In der Zwischenzeit die Waldpilze verlesen und je nach Bedarf klein schneiden.

7. Die Butter oder Margarine in einem Topf erhitzen und die geschälten, fein gehackten Zwiebeln darin glasig schwitzen.

8. Die Pilze dazugeben und kurz mitbraten. Mit Mehl bestäuben und mit der Gemüsebrühe auffüllen.

9. Die Sahne dazugeben und die Pilze bei mäßiger Hitze 6–8 Minuten köcheln lassen. Ganz zum Schluss mit Salz, Pfeffer, Muskat und Cayennepfeffer abschmecken und die gehackten Kräuter untermischen.

10. Die Pilze in tiefen Tellern dekorativ anrichten, je 1 Knödel in die Mitte setzen, mit gehackter Petersilie bestreuen, ausgarnieren und sofort servieren.

Zubereitungszeit: ca. 45 Minuten
Pro Portion: 1133,7 kcal/4748,1 kJ
28,3 g E, 66,3 g F, 94,2 g KH

Grünkernküchlein auf Kräuterrahm

Für 4 Personen:

300 g Grünkernschrot
1 Bund Suppengemüse
1/2 l Gemüsebrühe
Salz, Pfeffer aus der Mühle
1–2 EL Butter oder Margarine
2 Zwiebeln
je 1/2 Bund Petersilie und Liebstöckel
2–3 Eier, Mehl zum Wenden
2 verschlagene Eier, Semmelbrösel
Butterschmalz zum Braten

Für die Kräutersauce:

40 g Butter, 2 Zwiebeln
30 g Mehl, 1/4 l Gemüsebrühe
2 Becher Sahne
1 Prise Muskat
2 Tassen gemischte, gehackte Kräuter

Für das Gemüse:

500 g gemischtes Gemüse (Babyzucchini, Babyauberginen, Maiskölbchen, kleine Karotten, grüne Spargelspitzen, grüne Bohnen)
Gemüsebrühe zum Blanchieren
100 g Butter oder Margarine
Kräuterzweige zum Garnieren

So wird's gemacht:

1. Den Grünkernschrot mit dem geputzten und sehr fein gewürfelten Suppengemüse sowie der Gemüsebrühe in einen Topf geben und zum Kochen bringen.

2. In den auf 160–170 °C vorgeheizten Backofen stellen und unter ständigem Rühren in 30–40 Minuten ausquellen lassen.

3. Den Grünkernbrei aus dem Ofen nehmen, mit Salz und Pfeffer kräftig würzen. Die Butter oder Margarine erhitzen und die geschälten, gehackten Zwiebeln glasig schwitzen.

4. Die Zwiebeln mit den verlesenen, gewaschenen und fein gehackten Kräutern sowie den Eiern unter die Masse rühren.

5. Mit nassen Händen portionsweise Grünkernküchlein abdrehen, diese leicht flach drücken und im Mehl wenden.

6. Die Grünkernküchlein durch die verschlagenen Eier ziehen und mit den Semmelbröseln panieren. Im Butterschmalz auf beiden Seiten goldgelb ausbacken und warm halten.

7. Für die Kräutersauce die Butter in einem Topf erhitzen und die geschälten, fein gehackten Zwiebeln darin glasig schwitzen.

8. Das Mehl einrühren, mit der Gemüsebrühe und der Sahne auffüllen und zu einer sämigen Sauce verkochen. Mit Salz, Pfeffer und Muskat kräftig abschmecken und die gehackten Kräuter unterziehen.

9. Für das Gemüse die einzelnen Gemüsesorten entsprechend putzen, je nach Bedarf klein schneiden und dann in Gemüsebrühe blanchieren.

10. Die Butter in einer Pfanne erhitzen, das Gemüse dazugeben, durchschwenken, mit Salz, Pfeffer und Muskat abschmecken.

11. Die Kräutersauce auf heißen Tellern verteilen, das Gemüse und die Grünkernküchlein daraufsetzen, ausgarnieren und servieren.

Zubereitungszeit: ca. 60–70 Minuten
Pro Portion: 1395,6 kcal/5842,9 kJ
29,7 g E, 84,5 g F, 114,2 g KH

Gemüsepfannkuchen

Für 4 Personen:

Für den Teig:
350 g Mehl, 1 Prise Salz
1/4 l Milch
4 Eier
Salz, Pfeffer aus der Mühle
1 Prise Muskat
Butterschmalz zum Ausbacken

Für den Belag:
500 g gemischtes Gemüse (Karotten, Lauch, Paprika, Maiskölbchen, grüner Spargel)
Gemüsebrühe zum Blanchieren

So wird's gemacht:

1. Das Mehl mit dem Salz, der Milch und den Eiern in eine Schüssel geben und zu einem glatten Teig verrühren. Den Teig mit Salz, Pfeffer und Muskat würzen.

2. Das Gemüse entsprechend vorbereiten, in mundgerechte Stücke schneiden und je nach Bedarf in der Gemüsebrühe kurz blanchieren. Herausnehmen, gut abtropfen lassen und bereitstellen.

3. Etwas Fett erhitzen, den Teig portionsweise einfüllen und auf einer Seite backen.

4. Das Gemüse auf dem Pfannkuchen verteilen und den Gemüsepfannkuchen im auf 180–200 °C vorgeheizten Backofen 6–8 Minuten fertig backen.

5. Zum Schluss den Gemüsepfannkuchen herausnehmen, dekorativ anrichten, ausgarnieren und im Anschluss daran sofort servieren.

Zubereitungszeit: ca. 30 Minuten
Pro Portion: 607,8 kcal/2545,7 kJ
21,4 g E, 21,5 g F, 74,4 g KH

Semmelschmarren

Für 4 Personen:

8 Brötchen vom Vortag
3/8–1/2 l Milch
3–4 Eier
1 Prise Salz

Außerdem:

Butter oder Margarine zum Ausbacken
Zucker oder Zimtzucker nach Geschmack
Puderzucker zum Bestäuben

Für das Holunderkompott:

500 g Holunderbeeren
1/4 l Wasser
200 g Zucker
1 Zimtstange
1 Becher halb steif geschlagene, gesüßte Sahne
Kräuterzweige zum Garnieren

So wird's gemacht:

1. Die Brötchen in Scheiben oder Würfel schneiden und in eine Schüssel geben.

2. Die Milch mit den Eiern verschlagen, mit 1 Prise Salz würzen und über die Brötchen verteilen. Das Ganze zugedeckt 60 Minuten ziehen lassen.

3. Butter oder Margarine in einer großen Pfanne erhitzen, den Brötchenteig einfüllen und im auf 180–200 °C vorgeheizten Backofen 20 Minuten backen.

4. Anschließend den Semmelschmarren herausnehmen, mit 2 Gabeln zerpflücken und auf der Herdplatte nochmals kurz backen.

5. Für das Holunderkompott die Holunderbeeren verlesen, waschen, gut abtropfen lassen, mit dem Wasser, dem Zucker und der Zimtstange in einen Topf geben und einmal aufkochen lassen. Vom Herd nehmen und erkalten lassen.

6. Das Holunderkompott mit je 1 Klacks halb steif geschlagener, gesüßter Sahne überziehen und danach mit Kräuterzweigen ausgarnieren.

7. Zum Schluss den Semmelschmarren dekorativ anrichten, mit Zucker oder Zimtzucker bestreuen, mit Puderzucker bestäuben und sofort mit dem Holunderkompott servieren.

Zubereitungszeit: ca. 100 Minuten
Pro Portion: 952,6 kcal/3988,2 kJ
22,9 g E, 36,2 g F, 125,4 g KH

Süßspeisen und Desserts

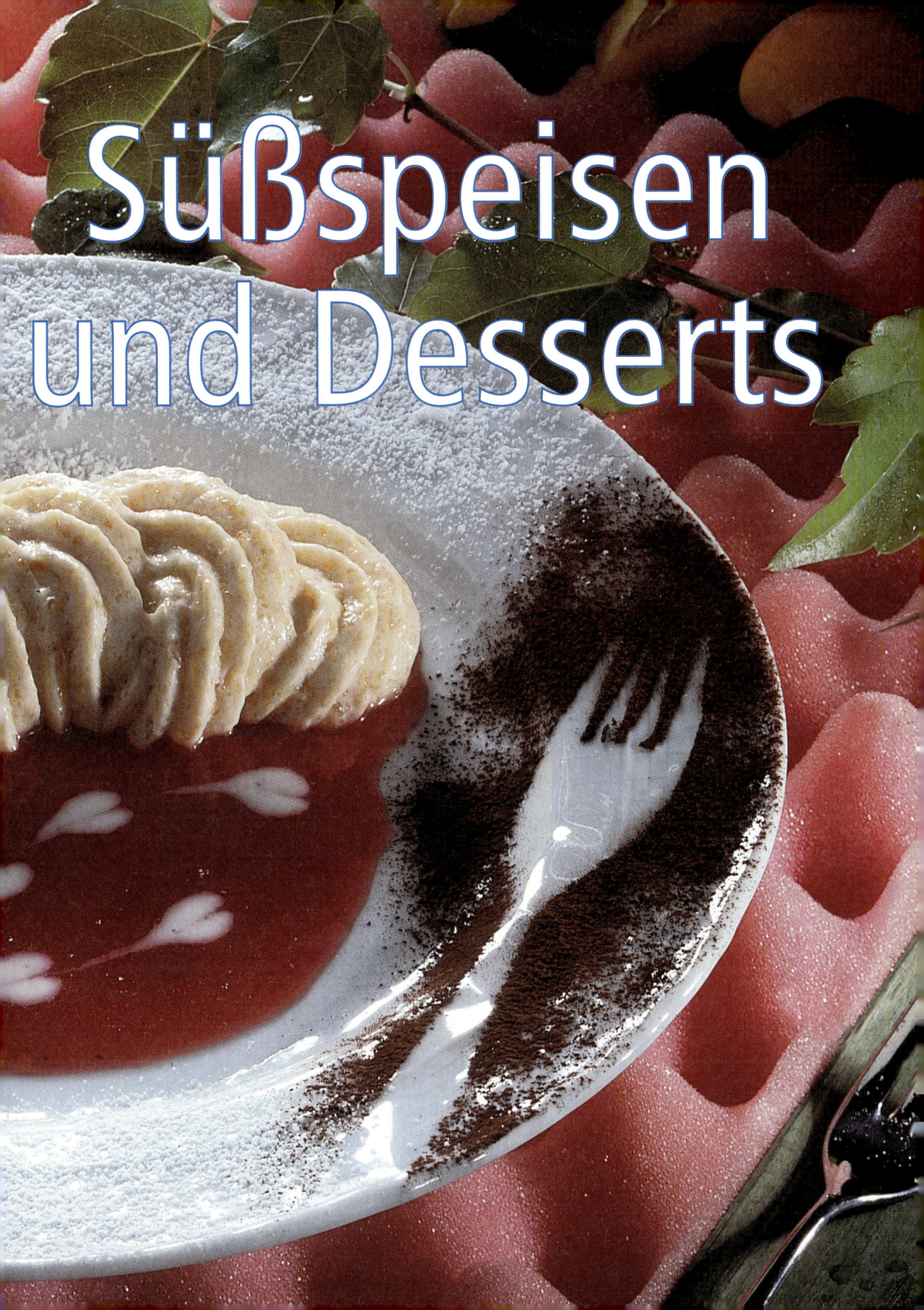

Marillenknödel

Für 4 Personen:

1 kg Kartoffeln
100 g Grieß
1/4 l Wasser
1 Prise Salz
8–10 Marillen oder Aprikosen
8–10 Stück Würfelzucker
Salzwasser zum Garen
Zimtzucker, in Butter geröstete Semmelbrösel oder Puderzucker zum Bestäuben

So wird's gemacht:

1. Die Kartoffeln am Vortag kochen, abgießen und erkalten lassen. Die Kartoffeln pellen, durch die Kartoffelpresse treiben und in eine Schüssel geben.

2. Den Grieß, das Wasser und das Salz dazugeben und das Ganze zu einem glatten, kompakten Teig verkneten.

3. Den Teig auf einer Arbeitsfläche zu einer 10 cm dicken Rolle formen und anschließend 1–2 cm dicke Scheiben abschneiden.

4. Die Marillen waschen, halbieren, mit je einem Stück Würfelzucker füllen und die 1/2 Marille in die Kartoffelteig-Scheibe einwickeln und gut zusammenpressen.

5. Salzwasser in einem Topf zum Kochen bringen, die Marillenknödel in Salzwasser garen.

6. Anschließend die Marillenknödel herausnehmen, gut abtropfen lassen, mit Zimtzucker bestreuen oder mit in Butter gerösteten Semmelbröseln überziehen oder mit Puderzucker bestäuben.

Zubereitungszeit: ca. 75 Minuten
Pro Portion: 544,2 kcal/2280,6 kJ
10,3 g E, 11,2 g F, 92,9 g KH

Tipp: Sehr gut schmecken die Knödel auch, wenn Sie einen Vanillequark und zerlassene Butter zu den Knödeln servieren.

Zwetschgenknödel

Für 4 Personen:

1 kg Kartoffeln
1/4 l Wasser
100 g Grieß
Salz
10–12 Zwetschgen
10–12 Stück Würfelzucker
Salzwasser zum Garen
1–2 EL Zimtzucker
50 g Butter
1 EL Semmelbrösel

So wird's gemacht:

1. Die Kartoffeln am Vortag kochen, abgießen und erkalten lassen.

2. Die Kartoffeln pellen und durch die Kartoffelpresse treiben.

3. Das Wasser in einem Topf zum Kochen bringen, den Grieß einrühren und unter gelegentlichem Rühren ausquellen lassen. Noch heiß mit den Kartoffeln vermengen und den Teig mit Salz abschmecken.

4. Die Zwetschgen waschen, trockentupfen, entkernen und mit einem Zuckerwürfel füllen.

5. Aus dem Kartoffelteig 10–12 Knödel formen und jeweils 1 Zwetschge in die Mitte geben. Den Teig gut schließen.

6. Salzwasser in einem Topf erhitzen, die Knödel hineingeben und 10–15 Minuten ziehen lassen. Sie sind fertig, wenn sie an der Oberfläche schwimmen.

7. Die Zwetschgenknödel herausnehmen, gut abtropfen lassen, auf einer vorgewärmten Platte anrichten, mit Zimtzucker bestreuen.

8. Die Butter in einer Pfanne erhitzen und die Semmelbrösel darin rösten.

9. Die Zwetschgenknödel mit den Semmelbröseln überziehen und sofort servieren.

Zubereitungszeit: ca. 75 Minuten
Pro Portion: 536,5 kcal/2247,1 kJ
10,1 g E, 11,3 g F, 90,3 g KH

Zwetschgenröster

Für 4 Personen:

- 500 g Zwetschgen
- 2–3 EL Butter oder Margarine
- 2–3 EL Zucker
- 1/4 l Rotwein
- 1 Zimtstange
- einige Nelken
- 1 Vanilleschote
- Speisestärke zum Binden

So wird's gemacht:

1. Die Zwetschgen verlesen, waschen, halbieren, entsteinen und bereitstellen.

2. Die Butter oder Margarine in einem Topf erhitzen, den Zucker darin karamellisieren lassen.

3. Den Rotwein angießen und den Zuckerkaramell unter ständigem Rühren loskochen.

4. Die Zimtstange, die Nelken, das ausgeschabte Vanillemark und die Zwetschgen in den Rotweinsud legen und garen.

5. Das Zwetschgenkompott mit etwas in Wasser angerührter Speisestärke leicht binden. Vom Herd nehmen und vollständig erkalten lassen.

Zubereitungszeit: ca. 60 Minuten
Pro Portion: 224,6 kcal/941,1 kJ
1,0 g E, 10,6 g F, 20,1 g KH

Sahnegrieß

Für 4 Personen:

1 l Milch
1 Prise Salz
abgeriebene Schale von 1 Zitrone
125 g Weichweizengrieß
Zucker nach Geschmack
1 Ei
1/2 Becher Sahne
1 TL Vanillezucker
frische Erdbeeren und Pistazienkerne zum Verzieren

So wird's gemacht:

1. Die Milch mit dem Salz und der abgeriebenen Zitronenschale zum Kochen bringen, den Grieß einrühren und unter Rühren 10 Minuten köcheln lassen.

2. Den Grieß mit Zucker nach Geschmack süßen und etwas abkühlen lassen. Das Ei trennen und das Eigelb einrühren. Das Eiweiß zu steifem Schnee schlagen und unterheben. Den Grieß in Glasschalen füllen und erkalten lassen.

3. Die Sahne mit dem Vanillezucker halb steif schlagen und dekorativ auf dem Grieß verteilen.

4. Mit Erdbeeren ausgarnieren, mit einigen Pistazienkernen bestreuen und sofort servieren.

Zubereitungszeit: ca. 60 Minuten
Pro Portion: 475,0 kcal/1992,2 kJ
15,3 g E, 22 g F, 49,3 g KH

Pfirsichcreme auf Johannisbeerspiegel

Für 4 Personen:

750 g Pfirsiche
100 g Zucker, 1 Glas Weißwein
Saft von 1 Orange
6 Blatt weiße Gelatine
1/4 l Sahne

Für die Fruchtsauce:

200 g Johannisbeeren
Zucker nach Geschmack

Außerdem:

4 Johannisbeerrispen
1–2 Pfirsiche
geschlagene, gesüßte Sahne
Schokoraspel und Minzblättchen zum Garnieren

So wird's gemacht:

1. Die Pfirsiche kurz in heißes Wasser tauchen, abschrecken, enthäuten und halbieren.

2. Den Kern herauslösen, das Fruchtfleisch in Würfel schneiden, mit dem Zucker, dem Weißwein und dem Orangensaft in einen Topf geben und einmal aufkochen lassen.

3. Das Ganze im Mixer oder mit dem Pürierstab pürieren und die gewässerte, gut ausgedrückte Gelatine im noch heißen Pfirsichmus vollständig auflösen lassen.

4. Das Ganze im Kühlschrank erkalten lassen und kurz vor dem Festwerden die geschlagene, gesüßte Sahne unterziehen.

5. Für die Fruchtsauce die Johannisbeeren verlesen, durch ein Sieb streichen und mit Zucker nach Geschmack süßen.

6. Die Pfirsichcreme in einen Spritzbeutel füllen, die Johannisbeersauce auf dekorative Teller geben, die Pfirsichcreme aufspritzen.

7. Das Ganze mit gezuckerten Johannisbeerrispen, Pfirsichschnitzen, der Sahne und Schokoraspeln ausgarnieren, mit Minzblättchen verzieren und sofort servieren.

Zubereitungszeit: ca. 80 Minuten
Pro Portion: 622 kcal/2597,4 kJ
7,1 g E, 29,1 g F, 72,8 g KH

Früchtetörtchen

Für 4 Personen:

1/2 Päckchen Vanillepuddingpulver
1–2 EL Zucker
1/4 l Milch
1/2 Becher Sahne
1 TL Vanillezucker
4 Backletts
250 g frische Früchte (Johannisbeeren, Himbeeren, Heidelbeeren)
Kräuterzweige und Schokoblättchen zum Garnieren

So wird's gemacht:

1. Aus dem Vanillepuddingpulver, dem Zucker und der Milch einen Pudding kochen, vom Herd nehmen und erkalten lassen.

2. Die Sahne mit dem Vanillezucker steif schlagen und unter den kalten Pudding heben.

3. Im Anschluss daran die Masse in die Backletts füllen.

4. Die Früchte verlesen, waschen, trockentupfen und anschließend auf dem Pudding anrichten.

5. Mit Kräuterzweigen und Schokoblättchen ausgarnieren und sofort servieren.

Zubereitungszeit: ca. 60 Minuten
Pro Portion: 215,5 kcal/900 kJ
2,6 g E, 11,6 g F, 22,9 g KH

Apfelküchle mit Vanilleeis

Für 4 Personen:

125 g Mehl
1 Prise Salz
200 ml Buttermilch
1 Ei
4 mittelgroße Äpfel
Saft von 1 Zitrone
Pflanzenfett zum Ausbacken
1/2 Tasse Zucker
1 TL Zimtpulver
4 Kugeln Vanilleeis
frische Kirschen und Minzeblättchen zum Garnieren

So wird's gemacht:

1. Das Mehl mit dem Salz in eine Schüssel sieben und mit der Buttermilch und dem Ei zu einem glatten Teig verrühren.

2. Die Äpfel schälen, das Kerngehäuse mit einem Ausstecher herausstechen, die Äpfel in 1/2–1 cm dicke Scheiben schneiden und sofort mit Zitronensaft beträufeln.

3. Fett in einem Topf erhitzen. Die Äpfel durch den Teig ziehen und im schwimmenden Fett von beiden Seiten goldgelb ausbacken. Herausnehmen und abtropfen lassen.

4. Den Zucker in einen Teller geben, mit dem Zimt vermischen und die noch warmen Küchlein darin wenden.

5. Die Apfelküchlein auf 4 Tellern anrichten und jeweils 1 Kugel Vanilleeis daneben setzen. Das Ganze mit frischen Kirschen und Minzeblättchen ausgarnieren und sofort servieren.

Zubereitungszeit: ca. 40 Minuten
Pro Portion: 463,1 kcal/1940,4 kJ
8,7 g E, 18,8 g F, 59,6 g KH

Feine Waffeln

Für 4 Personen:

50 g Butter oder Margarine
200 g Weizenmehl Type 405
1 Prise Backpulver
1 Prise Salz
4 EL Zucker
1 Prise Zimt
1/8 l Milch
1/8 l Sahne
3 Eier
1 EL Rum
Butter zum Ausfetten

So wird's gemacht:

1. Die Butter oder Margarine schmelzen und wieder abkühlen lassen.

2. Das Mehl mit dem Backpulver, dem Salz, dem Zucker und dem Zimt vermischen und in eine Schüssel sieben.

3. Die Milch und die Sahne einrühren. Die Eier trennen und das Eiweiß zu steifem Schnee schlagen.

4. Die Eigelbe mit der Butter oder Margarine und dem Rum in den Teig einrühren. Zum Schluss das Eiweiß unterheben.

5. Ein Waffeleisen mit Butter ausfetten und aus dem Teig portionsweise Waffeln ausbacken.

6. Die Waffeln anrichten und mit geschlagener Sahne und frischen Früchten servieren.

Zubereitungszeit: ca. 40 Minuten
Pro Portion: 558,8 kcal/2339 kJ
12,1 g E, 30 g F, 51,9 g KH

Johannisbeerkuchen

Für 4 Personen:

200 g Mehl
5 EL Zucker
1 Ei
100 g Butter oder Margarine
500 g Johannisbeeren
3 Eigelb
100 g Zucker
125 g gemahlene Haselnüsse
3 Eiweiß
Mehl zum Ausrollen
Butter für die Form
Puderzucker zum Bestäuben
frische Johannisbeeren zum Verzieren
geschlagene Sahne nach Geschmack

So wird's gemacht:

1. Das Mehl auf eine Arbeitsfläche sieben, den Zucker darüber streuen und eine Mulde in die Mitte drücken. Das Ei hineingleiten lassen und die Butter in Flöckchen an den Rand setzen. Das Ganze schnell zu einem glatten Teig verkneten, in Frischhaltefolie wickeln und im Kühlschrank 2 Stunden ruhen lassen.

2. Die Johannisbeeren verlesen, waschen und gut abtropfen lassen. Die Eigelbe mit der Hälfte des Zuckers schaumig rühren und anschließend die Haselnüsse unterheben. Das Eiweiß mit dem restlichen Zucker steif schlagen, unter die Eigelbcreme heben und die Beeren untermischen.

3. Den Teig auf einer bemehlten Arbeitsfläche ausrollen, eine gefettete Springform (Ø 26 cm) damit auslegen, dabei einen 3 cm hohen Rand formen. Den Boden mit einer Gabel mehrmals einstechen.

4. Die Johannisbeermasse einfüllen und glatt streichen. Den Kuchen im auf 190 °C vorgeheizten Backofen etwa 40 Minuten backen, herausnehmen und 5–10 Minuten in der Form auskühlen lassen. Anschließend aus der Form lösen und auf einem Kuchengitter erkalten lassen. Mit Puderzucker bestäuben, mit frischen Johannisbeeren ausgarnieren in Stücke schneiden und nach Geschmack mit geschlagener Sahne servieren.

Zubereitungszeit: ca. 180 Minuten
Pro Portion: 993,6 kcal/4161,1 kJ
18,1 g E, 58,9 g F, 87,8 g KH

Vanillepfannkuchen mit Früchten

Für 4 Personen:

Für den Teig:

400 g Mehl
2 Päckchen Vanillezucker
1 Prise Salz
3/4 l Milch, 4 Eier

Außerdem:

400 g gemischte Früchte (Johannisbeeren, Kumquats oder Früchte Ihrer Wahl)
2 EL Butter, 2–3 EL Zucker
1/4 l Orangensaft
Butter zum Ausbacken
Minzblättchen, Schokoladensauce und geschlagene, gesüßte Sahne zum Garnieren
gehackte Pistazien zum Bestreuen

So wird's gemacht:

1. Das Mehl mit dem Vanillezucker und dem Salz in eine Schüssel geben und mit der Milch glatt rühren. Die Eier trennen, die Eigelbe zum Teig geben und kräftig darunter schlagen.

2. Die Eiweiße mit etwas Salz zu steifem Schnee schlagen und vorsichtig unter den Teig heben.

3. Die Früchte entsprechend waschen, Johannisbeeren verlesen, Kumquats in Scheiben schneiden und bereitstellen.

4. Die Butter in einem Topf erhitzen und den Zucker darin karamellisieren lassen. Den Orangensaft angießen und den Zuckerkaramell loskochen.

5. Die Früchte in den Orangensaft geben und das Ganze einmal aufkochen lassen.

6. Butter oder Margarine in einer Pfanne erhitzen und aus dem Teig portionsweise Pfannkuchen ausbacken.

7. Die Früchte warm oder kalt dekorativ auf Tellern anrichten. Die Pfannkuchen zu Dreiecken zusammenschlagen und auf die Früchte legen, mit Minzblättchen, Schokoladensauce und Sahne ausgarnieren, mit Pistazien bestreuen und sofort servieren.

Zubereitungszeit: ca. 30 Minuten
Pro Portion: 1028,2 kcal/4304,5 kJ
26,8 g E, 43,5 g F, 120,9 g KH

Kaiserschmarren

Für 4 Personen:

300 g Weizenmehl
1 Prise Salz
1/2 l Milch
6 Eigelb
50 g flüssige Butter
1 Tasse Rumrosinen
6 Eiweiß
2–3 EL Butterschmalz
2–3 EL Butter
3–4 EL Zucker
75 g Mandelblättchen
Puderzucker zum Bestäuben

So wird's gemacht:

1. Das Mehl in eine Schüssel sieben, das Salz dazugeben und mit der Milch und den Eigelben zu einem glatten Teig verrühren.

2. Die flüssige Butter tropfenweise einrühren und die abgetropften Rumrosinen unterheben. Das Eiweiß zu steifem Schnee schlagen und locker unterheben.

3. Das Butterschmalz in einer großen, feuerfesten Pfanne erhitzen, den Teig hineinfließen lassen und auf der Unterseite anbraten.

4. Anschließend wenden, den Pfannkuchen in den auf 200–220 °C vorgeheizten Backofen schieben und in 10–15 Minuten goldgelb ausbacken.

5. Den fertigen Pfannkuchen herausnehmen und mit 2 Gabeln oder 2 Teigschabern in Stücke reißen.

6. Die Butter in einer weiteren Pfanne erhitzen, den Zucker darin karamellisieren lassen und die Mandelblättchen einrühren. Das Ganze unter den Kaiserschmarren heben.

7. Den Kaiserschmarren dekorativ anrichten, mit Puderzucker bestäuben und servieren.

Zubereitungszeit: ca. 30 Minuten
Pro Portion: 1032,2 kcal/4323,3 kJ
22,5 g E, 57,9 g F, 91,3 g KH

Rhabarberkompott mit Limettenjoghurt

Für 4 Personen:

1 kg frischer Rhabarber
1/4 l Zuckerwasser, 1 Zimtstange

Für den Joghurt:

500 g Joghurt, Saft von 4 Limetten
2 Päckchen Vanillezucker
Zucker nach Geschmack

Außerdem:

Limettenscheiben, rote Johannisbeeren und frische Erdbeeren zum Garnieren

So wird's gemacht:

1. Den Rhabarber putzen, waschen, in mundgerechte Stücke schneiden und bereitstellen.

2. Das Zuckerwasser mit der Zimtstange erhitzen und den Rhabarber darin kurz garen.

3. Den Joghurt mit dem Limettensaft in eine Schüssel geben und glatt rühren. Mit Vanillezucker und Zucker nach Geschmack süßen.

4. Den Limettenjoghurt dekorativ anrichten, das Rhabarberkompott gleichmäßig darauf verteilen, mit Limettenscheiben, roten Johannisbeeren und frischen Erdbeeren ausgarnieren und sofort servieren.

Zubereitungszeit: ca. 20 Minuten
Pro Portion: 368,8 kcal/1536,7 kJ
6,1 g E, 9,3 g F, 60,2 g KH

Milchreis mit Früchten

Für 4 Personen:

1/2 l Milch
1 Prise Salz
abgeriebene Schale von 1/2 Orange
250 g Rundkornreis
Zucker nach Geschmack
2 EL gehackte Pistazien
Zitronenmelisseblättchen und frische Früchte (Erdbeeren, Johannisbeeren, Kiwis, Kumquats und Feigen) zum Garnieren
Puderzucker nach Geschmack

So wird's gemacht:

1. Die Milch mit dem Salz und der abgeriebenen Orangenschale zum Kochen bringen, den gewaschenen Rundkornreis einrühren und unter gelegentlichem Umrühren bei mäßiger Hitze ausquellen lassen.

2. Den fertigen Milchreis mit Zucker nach Geschmack süßen und dann auf 4 Tellern anrichten.

3. Mit gehackten Pistazien bestreuen und mit Zitronenmelisseblättchen ausgarnieren.

4. Die Früchte je nach Sorte vorbereiten und klein schneiden.

5. Zum Milchreis geben, nach Geschmack mit Puderzucker bestäuben und servieren.

Zubereitungszeit: ca. 45 Minuten
Pro Portion: 428,1 kcal/1794,7 kJ
10,1 g E, 8,2 g F, 74 g KH

Himbeer-Vanillecreme

Für 4 Personen:

Für die Creme:

1/2 l Milch, 4 Eigelb
100 g Zucker, 1 Päckchen Vanillezucker
12 Blatt weiße Gelatine
1/2 l Sahne
250 g Himbeeren

Für das Gelee:

1/4 l Himbeersaft
4 Blatt rote Gelatine

Für die Sauce:

2 Becher Sahnedickmilch
Saft von 1 Zitrone
Zucker nach Geschmack
Schokoladensauce und Minzblättchen zum Garnieren

So wird's gemacht:

1. Die Milch in einen Topf geben und zum Kochen bringen.

2. Die Milch vom Herd nehmen, die Eigelbe und den Zucker sowie den Vanillezucker dazugeben und kräftig darunter schlagen.

3. Die gut gewässerte Gelatine ausdrücken und in der noch heißen Milch vollständig auflösen lassen.

4. Das Ganze erkalten lassen und kurz vor dem Festwerden die geschlagene Sahne unterheben.

5. Die Himbeeren verlesen und durch ein Sieb streichen. 1/3 der Creme abnehmen und das Himbeermark unter die restliche Creme ziehen.

6. 4 entsprechend dekorative Förmchen mit der Hälfte dieser Himbeercreme füllen, die Vanillecreme gleichmäßig darüber verteilen und mit der restlichen Himbeercreme abdecken. Anschließend das Ganze im Kühlschrank vollständig fest werden lassen.

7. Für das Himbeergelee den Himbeersaft erhitzen, die gut gewässerte rote Gelatine darin vollständig auflösen lassen, in eine flache Form füllen und ebenfalls im Kühlschrank fest werden lassen.

8. Für die Sauce die Sahnedickmilch mit dem Zitronensaft glatt rühren und mit Zucker nach Geschmack süßen.

9. Anschließend die Zitronen-Sahnedickmilch gleichmäßig auf dekorativen Tellern verteilen, die Himbeer-Vanillecreme aus den Förmchen stürzen und dekorativ in die Sauce setzen.

10. Das Himbeergelee in feine Würfel schneiden und gleichmäßig auf den Tellern verteilen. Die Himbeercreme mit Schokoladensauce überziehen, mit Minzblättchen ausgarnieren und sofort servieren.

Zubereitungszeit: ca. 50–60 Minuten
Pro Portion: 815,1 kcal/3413,6 kJ
18,1 g E, 54,9 g F, 55,1 g KH

Stachelbeergrütze

Für 4 Personen:

500 g Stachelbeeren
1/2 l Kirschsaft
100 g Zucker
1 Zimtstange
Schale und Saft von 1 Zitrone
Speisestärke zum Binden
frische Stachelbeeren, geschlagene, gesüßte Sahne und Kräuterzweige zum Garnieren

So wird's gemacht:

1. Die Stachelbeeren verlesen, waschen, gut abtropfen lassen, mit dem Fruchtsaft, dem Zucker, dem Zimt, der Zitronenschale und dem Zitronensaft in einen Topf geben und zum Kochen bringen.

2. Das Ganze bei mäßiger Hitze 5–6 Minuten köcheln lassen und anschließend mit etwas angerührter Speisestärke leicht binden.

3. Die Stachelbeergrütze in dekorative Gläser füllen und vollständig erkalten lassen.

4. Das Ganze mit frischen Stachelbeeren, geschlagener, gesüßter Sahne und Kräuterzweigen ausgarnieren und sofort servieren.

Zubereitungszeit: ca. 50–60 Minuten
Pro Portion: 365 kcal/1528,5 kJ
1,8 g E, 8,2 g F, 68,8 g KH

Frische Himbeeren mit Vanillesahne

Für 4 Personen:

1/2 l Sahne
2 Päckchen Vanillezucker
100 g Johannisbeeren
Puderzucker zum Süßen
Saft von 1/2 Zitrone
400 g frische Himbeeren
2 EL gehackte Pistazien
Zitronenmelisseblättchen zum Garnieren

So wird's gemacht:

1. Die Sahne mit dem Vanillezucker halb steif schlagen und auf 4 Teller verteilen.

2. Die Johannisbeeren verlesen, waschen, durch ein Sieb streichen, mit Puderzucker nach Geschmack süßen und mit Zitronensaft verfeinern.

3. Die Johannisbeersauce auf die Sahne träufeln und mit einem Holzstäbchen ein Muster einarbeiten.

4. Die Himbeeren verlesen, waschen, gut abtropfen lassen und portionsweise in die Sahne setzen.

5. Mit den gehackten Pistazien bestreuen, mit Zitronenmelisseblättchen ausgarnieren und servieren.

Zubereitungszeit: ca. 15–20 Minuten
Pro Portion: 517,3 kcal/2164,1 kJ
6,3 g E, 44,3 g F, 18,2 g KH

Rote Grütze

Für 4 Personen:

400 g rote Beeren (Himbeeren, Erdbeeren, Brombeeren, Johannisbeeren)
150 g Sauerkirschen
1/4 l Sauerkirschsaft
1 Zimtstange
Zucker nach Geschmack
1 Päckchen Vanillepuddingpulver

So wird's gemacht:

1. Die Beeren verlesen, waschen und gut abtropfen lassen, die Sauerkirschen waschen und entkernen.

2. Den Sauerkirschsaft mit der Zimtstange in einen Topf geben, mit Zucker nach Geschmack süßen und erhitzen.

3. Das Puddingpulver mit etwas Wasser glatt rühren, in den Saft einrühren und einmal aufkochen lassen.

4. Die Früchte in den Pudding geben und das Ganze weitere 3–5 Minuten köcheln lassen. Anschließend vom Herd nehmen, bei Bedarf nachsüßen und erkalten lassen.

5. Die Rote Grütze in Portionsschalen füllen, ausgarnieren und servieren.

Zubereitungszeit: ca. 60 Minuten
Pro Portion: 341,8 kcal/1428,1 kJ
2,0 g E, 1,0 g F, 77,4 g KH

Register

Abkürzungen und Maßangaben:

EL: Esslöffel
TL: Teelöffel
g: Gramm
Msp.: Messerspitze
1 Becher: 0,2 Liter oder 200 g
1 Glas: 1/8 Liter oder 100 g
1 Tasse: 1/8 Liter oder 100 g
ml: Milliliter
cl: Zentiliter
°C: Grad Celsius
TK-Ware: Tiefkühlware
cm: Zentimeter

ISBN 3-8118-1676-4

Fotos: Jan Bürgermeister; Rezepte und Foodstyling: Yves Hebinger
Konzeption, Text, Redaktion und Produktion: Jockel & Partner Verlagsagentur, Karben
Printed in Italy

Die Schreibweise entspricht den Regeln der neuen Rechtschreibung.